삶이 의미를 잃기 전에

후회 없는 삶과
품위 있는
죽음을 위하여

삶이
의미를
잃기
전에

윤영호

안티레스

사람이 두려워해야 할 것은 죽음이 아니라,
진정한 삶을 시작하지 못하는 것이다.

마르쿠스 아우렐리우스

고요히 마주해보는 삶

삶이란 무엇일까? 그리고 인간은 왜 존재할까? 이 단순하면서
도 무거운 질문이 오래도록 나를 사로잡았다. 해부학, 생리학, 진
화론과 같은 과학적 탐구에서부터 철학, 심리학, 경영학 이론과
환자 진료를 넘나들면서 나는 그동안 인간 존재에 관한 답을 구하
려고 노력했다. 하지만 수많은 학문과 이론이 제시한 해답은 종
종 단편적이고 모순적이었다. 인간은 단순히 생물학적 본능에 따
라 살아가는 동물일까, 아니면 신적인 완전함을 꿈꾸는 숭고한
존재일까?

이 질문에 대한 탐구는 나를 인간 존재의 본질과 그 목적에 대

한 사유로 이끌었다. 인간은 태어나면서부터 자연의 일부로서 제한된 육체를 부여받는다. 하지만 그 안에는 자신을 초월하고자 하는 열망과 가능성이 함께 담겨 있다. 이 모순은 인간을 특별하게 만든다. 우리가 삶의 의미를 찾아가는 여정은 때로는 빛으로, 때로는 어둠으로 가득 차 있지만, 결국 그것은 우리를 인간답게 만드는 본질적인 과정이다.

그러나 현대 사회는 인간을 기계 속 톱니바퀴처럼 다룬다. 조직과 시스템의 요구는 개인을 무색하게 만들고, 생존 경쟁은 우리의 존재 이유를 흐릿하게 한다. 거대한 자본주의와 관료주의 속에서 때때로 우리는 우리 자신의 고유한 가치를 찾지 못하고 살아간다. 그래도 나는 믿는다. 인간은 단순히 환경에 의해 좌우되는 수동적 존재가 아니라, 자신만의 의미를 찾아 위대한 선택을 할 수 있는 능동적 존재라고.

우리가 태어나면서 받은 것은 단지 한 개의 생명이 아니다. 우리 삶은 무수히 많은 선택 가능성이 담긴 하나의 여정이다. 난자와 정자가 만나 생명이 시작된 그 순간부터 우리는 이미 첫 번째 선택을 했다. 그리고 그 이후로도 우리는 끊임없이 선택하면서 삶의 의미를 만들어간다. 나아가 이 선택은 우리 개인을 넘어 사랑하는 사람들, 그리고 세상과 연결된다. 바로 그 연결 속에서 우리의 삶은 단순한 생존을 넘어선 '존재'로서 빛나게 된다.

의미란 무엇일까? 사전에는 "행위나 현상이 지닌 뜻" 또는 "사물이나 현상의 가치"라고 나온다. 그렇다면 삶에서 의미는 무엇일까? 우리 삶 속에서, 우리가 남기는 흔적 속에서, 사랑하는 이들과의 관계 속에서 발견하는 가치다. 때로는 삶의 의미를 찾는 일이 힘들고 고통스럽더라도, 우리는 끝내 그것을 붙잡고자 한다. 왜냐하면 의미야말로 우리 자신을 인간답게 만드는 본질이기 때문이다.

우리는 생존을 위한 본능을 넘어 사랑과 이해와 나눔을 통해 인간성을 확보한다. 그렇지만 현대 사회는 우리를 의미 없는 소비와 경쟁 속으로 내몰곤 한다. 이런 상황 속에서 때때로 우리는 자기 자신을 잃고 삶의 가치를 망각한다. 그럼에도 불구하고 나는 확신한다. 우리 존재는 단순한 생존을 넘어서는 위대한 가능성을 품고 있다. 그 가능성을 탐구하며 우리 삶을 더욱 빛나게 만드는 것이 무엇인지 찾기 위해 이 책을 썼다.

우리는 과거에 감사하면서 현재를 의미 있게 살고 미래를 지향해야 한다. 여러분이 지금 몇 살이든 살아온 삶을 돌아보고 앞으로 남은 날들을 준비할 때 가장 중요한 것은 몸과 마음이 건강한 '의미 있는 삶'과 아름다운 마무리인 '품위 있는 죽음'이다. 내 삶

삶이 의미를 잃기 전에

이 어디로 향하고 있는지 알고 싶다면 삶의 끝에서부터, 죽음 앞에서부터, 인생을 다시 바라봐야 한다. 삶은 죽음으로써 완성된다. 우리는 죽기 전까지는 '아직'인 존재다. 아직 삶이 완성되지 않았다는 의미다. 우리는 반드시 죽을 것이다. 필연적으로 죽음에 이르고 마는 삶에서 우리가 찾아야 할 의미는 무엇일까? 의미를 잃은 인생은 동물이나 로봇의 삶과 다를 바 없다.

이 책 《삶이 의미를 잃기 전에》를 통해 나는 여러분과 함께 우리의 삶과 건강 그리고 죽음을 고찰하려고 한다. 우리의 삶은 우리가 죽을 때 완성되며 누군가의 기억 속에 기록된다. 그리고 그 기록은 전설이 돼 살아있는 사람들의 삶으로 이어진다. 그렇기에 살면서 늘 질문해야 한다. 나는 왜 살아가며, 어떻게 살아야 하는가? 인간으로서 의미 있는 삶을 살아가고 완성하기 위해 나는 무엇을 선택해야 하는가? 이 책은 이런 질문들에 대한 고민과 생각을 담고 있다. 여정의 끝에 이르러 여러분 각자의 삶에 대해 더 깊이 이해하고 자신만의 답을 발견하기를 바란다.

나는 이해관계에 휘둘리며 전투하듯 살아가는 대신, 남들이 알아주지 않더라도 인류가 물려준 위대한 유산의 잠재력을 일깨우며 신의 마음으로 배려하고 베푸는 삶을 미덕으로 쌓아가는 존재가 되고 싶다. 공동체 일원으로서 모두가 함께 신성을 실현하는 새로운 세상을 꿈꾼다. 이 책을 쓴 것도 이런 신념 때문이다. 우리 조상 그리고 모든 인류가 가꿔온 삶의 공동체를 다시 살려야 한다는 신념이 나를 움직였다.

나 역시 여전히 부족한 사람이지만, 공동체의 한 구성원으로서 무거운 짐을 감내하면서 이 시대를 살아가는 이들에게 깊은 감사의 마음을 전하고 싶다. 마지막 순간까지 삶의 완성을 향해 나아가는 이 여정에 여러분이 동참하기를 간절히 바란다. 화사한 봄날 만개한 꽃들처럼, 여러분의 삶 또한 더없이 빛나고 의미 있기를 소망한다.

의미란 우리가 부여하는 것인가, 아니면 보물찾기처럼 신이 미리 사물이나 현상에 심어서 이미 존재하는 뭔가를 우리가 찾는 것인가? 우리는 정확한 답을 모른 채 저마다 서로 다른 의미를 부여하고 찾게 될 것이다. 삶은 그 자체로 아름답다. 다만 우리가 그 아름다움과 의미를 잃지 않을 때 그렇다. 삶이 의미를 잃기 전에, 그 가치를 되찾아 훗날 죽음의 순간에 이르러 자신만의 삶을 완성하기를.

차 례

프롤로그 고요히 마주해보는 삶 • 6

제1장 사람으로 산다는 것
////////////////////// ////////////

운명을 바꾸는 유일한 존재 • 18

인간만의 길 • 23

전설로 기록될 삶 • 26

본질에 앞서는 실존 • 34

제2장 삶의 가치를 생각할 시간
///////////////////// ////////////

인생은 가치를 찾아가는 여정 • 42

진리를 향한 가치 • 48

가지 않은 길과 선택 • 53

불확실한 세상을 헤쳐 나가는 일 • 62

제3장 성장의 조건

선택과 후회 그리고 성장 • 74

함께 날아오를 용기 • 80

작은 시간 큰 변화 • 88

희망의 손길 • 94

제4장 바다처럼 별처럼

바다에 내린 눈은 바다가 되듯 • 100

부족함 속에서 찾아가는 빛 • 103

삶의 품격을 지키는 길 • 110

희생과 신뢰의 리더십 • 115

악순환에서 선순환으로 • 121

제5장 사랑 없는 삶의 가벼움

////////////////////// ///////////

인생의 최고 가치 • 130

줄 수 있는 곳이 있어야 할 곳 • 136

나눔으로 이어지는 사랑의 진화 • 138

이타적 유전자 • 141

사랑이 세상의 중심 • 144

시간을 넘어선 사랑, 죽음을 넘어선 의미 • 149

제6장 행복의 방향

////////////////////// ///////////

행복한 삶은 방향이 있다 • 156

진정한 웰빙을 찾으려면 • 161

배려의 힘, 행복의 시작 • 165

행복도 습관이다 • 169

제7장 건강하게 나이 드는 법

건강은 희망이 아닌 선택 • 176

수명을 늘리는 삶의 목적 • 183

건강을 망치는 고독의 그늘 • 189

사회적 관계와 건강 • 197

낙관주의가 생명을 지키는 방식 • 203

아직 젊다는 믿음의 기적 • 211

나이 들수록 돕고 살아야 하는 이유 • 218

9가지 새로운 건강 관리 패러다임 • 225

제8장 죽음으로 완성하는 삶

삶과 죽음의 아름다운 경계 • 250

삶의 끝에서 배우는 것들 • 259

지금, 이 순간의 의미 • 264

절망 속에서도 잃지 말아야 할 희망 • 271

사랑으로 보듬어야 할 고통 • 277

삶의 마지막 기회 • 285

에필로그 삶의 의미가 사라지지 않게 • 291

제 1 장

사람으로 산다는 것

| 운명을 바꾸는 유일한 존재 |

'나'는 이 세상에 하나밖에 없는 유일한 존재다. 그런데 나는 과연 누구일까? 나를 다른 사람과 구분하는 것은 무엇일까? 나는 그냥 태어나서 존재했다가 죽음으로 사라지는 존재일까, 아니면 태어나기 전부터 존재했고 죽음 이후에도 살아가는 불멸의 존재일까? 이런 질문에 답하기 위해서는 먼저 "인간이란 무엇인가?"에 대해 생각해야 할 것이다.

인간은 생명을 이루는 조직(tissue)과 기관(organ)으로 이뤄져 있으며, 조직은 세포(cell)로 구성돼 있다. 세포 하나하나의 존재는 인식하지 못하더라도 세포 조직 중 일부가 고통을 받으면 몸 전체가 괴로움을 느낀다. 인간은 이 같은 고통과 생명의 위협에서 벗어나기 위해 진화해왔다. 원시 시대에는 외부 환경에 신체적으로 적응하며 생존했지만, 오늘날 현대인이 겪는 정신적·사회적·영적 고통은 단순한 신체적 적응으로는 극복하기 어렵다. 실존적 고통이라서 그렇다. 우주가 인간이 겪는 실존적 고통에도 적응할 조건은 제공하지 않는 것 같다. 그런 고통을 극복할 수 있는 유전적 변화가 가능할지에 대해서도 의문이 든다. 인간 신체의 세포는 자극에 반응하며 생물학적 변화를 겪지만, 이 변화는 주로 신체

삶이 의미를 잃기 전에

적 생존을 위한 것이기 때문이다.

그렇지만 인간은 단순한 동물이 아니다. 인간은 동물적·사회적·정신적 존재를 넘어, 신적(영적) 가치를 추구하는 존재다. 동물로 태어나 신을 지향하는 특별한 존재다. 제한된 동물적 육체에 갇혀 있으면서도 신적 목표를 추구하며, 자기 삶에 의미를 부여하고, 위대한 삶의 전설을 기록으로 남기려는 존재가 인간이다. 인류 역사는 이런 증거들로 가득하다. 아담의 갈비뼈가 아닌 독립된 하와(이브) 자체로서 살아가고자 하는 모습이 인간 존재를 더 잘 설명한다. 신으로부터, 부모로부터, 동물적 본능으로부터, 사회적 구속으로부터 인간은 독립을 추구하는 고유한 존재이고 싶어 한다.

심지어 인간은 고통 속에서도 생존과 실존을 위해 싸운다. 엔도르핀(endorphin)은 극심한 고통 속에서도 인간이 생존을 위해 달리도록 돕는다. 인간은 단순한 생존을 넘어 의미와 가치 그리고 목적을 위해 실존의 고통을 감내한다. 이때의 고통은 단순히 생물학적 반응이 아니다. 더 높은 삶의 목적을 위한 생각, 행동, 습관의 반복을 통해 형성된 주도적 결과다.

그러나 인간은 여전히 적응의 한계에 부딪힌다. 현대 사회에서 겪는 극심한 고통은 인간이 진화적으로 적응하지 못한 영역이다.

생존을 위해 고통을 방어하려다가 때로는 자기 자신을 공격하기도 한다. 극한의 고통에서 자살은 더 이상 비참하게 살지 않고자 스스로를 구원하려는 행동으로 나타난다. 극복 불가능한 고통에서 벗어나기 위한, 인간만이 할 수 있는 최후의 선택이다.

철학자 장 자크 루소(Jean-Jacques Rousseau)의 말처럼 인간은 자유롭고 평등하게 태어났을까? 아니다. 우리 사회는 태생적으로 불평등하다. 그럼에도 불구하고 우리는 각자 유일한 존재로서 자유를 존중받아야 하고 평등하게 대우받아야 한다. 사회와 국가는 이런 이상을 실현하기 위해 노력해야 한다. 나는 부끄러운 삶을 살았고 많은 죄를 지었다. 그러나 속죄하는 마음으로 자유와 평등 실현에 도움이 되는 일을 위해 노력해왔다. 나는 스스로 드러내기보다는 조용히 돕는 자로 살길 원했다. 그러기 위해서는 힘들고 비난받을지라도 신념을 실천하는 삶을 선택해야만 했다.

인간의 부족함은 외적인 불완전성과 내적인 탐욕(동물적 욕망)으로부터 비롯된다. 그러나 인간은 위대하다. 지위, 빈부, 건강 등의 사소한 차이로는 구별할 수 없을 만큼 위대한 잠재력을 지니고 있다. 다만 자기 스스로나 타인에 의해 과소평가하거나 잊고 살아갈 뿐이다. 인간의 삶은 부족함으로부터 위대함을 추구해가는 과정이다.

삶이 의미를 잃기 전에

나는 인간이 위대해질 수 있다고 믿는다. 이 위대함은 성공이나 권력을 말하는 게 아니다. 고통 속에서도 의미와 가치를 찾고, 성장과 독립을 추구하며, 자유와 평등을 실현하고자 노력하고, 스스로 운명을 개척하는 위대함이다. 신체적·생리적·정신적·유전적 한계를 변화시키는 과정이 있어야 가능한 일이다. 우리의 운명을 바꿀 이 변화는 단순히 생각만으로, 일회적인 행동으로 이끌어내지 못한다. 변화는 생각, 행동, 습관, 성격을 거쳐 운명에 이르는 지속적이고 의식적인 노력의 과정을 통해서라야 비로소 가능하다. 이를 의사이자 정치사상가 새뮤얼 스마일스(Samuel Smiles)가 《자조론(Self-Help)》에서 다음과 같은 말로 잘 표현했다.

"생각을 바꾸면 행동이 바뀌고, 행동을 바꾸면 습관이 바뀌고, 습관을 바꾸면 성격이 바뀌고, 성격을 바꾸면 운명이 바뀐다."

변화된 생각은 행동의 변화를 이끌고, 행동을 반복하면 습관이 된다. 이 습관은 궁극적으로 욕망에 적합한 성격의 변화를 불러오게 되며, 성격이 변화하는 과정에서 욕망을 실현할 능력도 함께 갖추게 된다. 결국 이 모든 과정은 운명의 변화를 이끄는 원동력이 된다. 다만 성격을 바꿀 만큼 강렬한 욕망과 그 욕망을 실현할 능력을 갖췄는지가 결정적 요인으로 작용할 것이다. 우리가 현재 위치에서 자신의 성격, 능력, 욕망의 방향을 제대로 이해한다면 앞으로의 행동을 예측할 수 있으며, 나아가 자신의 운명도 일정 부분 가능할 수 있다. 동물적인 생존의 욕구에서 출발해 공동체 속에서 전인적 성장을 이루며 완전한 인간으로 나아가고자 한다면, 동물적 욕구에 머물지 않고 지혜와 완성의 충만함을 향한 욕망과 인류에 대한 사랑을 선택해야 할 것이다.

우리 주변의 모든 존재는 서로 연결돼 영향을 주고받는다. 그 영향을 긍정적으로 받아들일지, 부정적으로 받아들일지는 우리 자신에게 달렸다. 어제의 나는 오늘의 나와 다르다. 어제의 나는 이미 사라진 존재이며, 오늘의 나는 내일 존재하지 않는다. 우리는 어제의 나와 오늘의 나를 구분하지 못하지만, 신체를 구성하고 있는 세포들은 이미 다 변해 있고, 정신을 구성하는 내 기억과 감정과 생각 또한 모두 달라져 있다. 세포 속에 있는 유전자만큼은 변하지 않는다 해도 그 유전자를 구성하는 성분은 계속 변한다. 단지 유전자인 신호와 서열만 변하지 않을 뿐이다.

이처럼 우리는 매일 새롭게 태어난다. 그러므로 과거에 연연하기보다 현재의 삶에 충실해야 한다. 현재의 우리와 나와 연결된 존재들, 그리고 소중한 인연과 가치를 발견하며 살아가는 것, 그것이 우리의 삶을 더욱 풍요롭게 한다.

｜ 인간만의 길 ｜

인간을 동물이나 로봇과 구분하는 가장 두드러진 특성은 우리 '뇌'에 있다. 물론 인간도 동물인 포유류이며, 유인원과 신체 구조 및 기능이 유사하다. 하지만 인간의 뇌는 능력 면에서 다른 동물들보다 훨씬 탁월하다. AI와 비교해서는 어떨까? 인간 뇌를 모방한 부품이나 인공세포를 통해 인간을 닮은 휴머노이드(humanoid)를 만들 수는 있다. 그렇더라도 AI(인공지능)와 인간의 뇌는 그 구조가 다르다.

AI 발전 양상에 눈이 부실 지경이다. AI 개발의 배경에는 수백억 개의 뉴런(neuron)과 수조 개의 시냅스(synapse)가 상호 작용하는 인간의 뇌를 모방한 인공신경망이 있다. 인공신경망의 기초를 확립한 분자생물학자 존 홉필드(John Hopfield)와 인지과학자 제프리 힌턴(Geoffrey Hinton)은 2024년 노벨 물리학상을 수상했다. 이를 통해 단백질 구조 설계 방법을 고안한 데이비드 베이커(David Baker), 데미스 허사비스(Demis Hassabis), 존 점퍼(John Jumper)는 노벨 화학상을 받았다.

그런데 인공신경망은 인간 뇌의 실제 신경망과는 확연히 다르다. 인공신경망은 뉴런과 시냅스에 의한 학습, 기억, 판단 원리를 적용해 무한대로 확장할 수 있다. 반면 인간의 신경망은 물리적인 한계가 있다. 인간의 능력은 전수되지 않으며, 매번 새로 시작하고 훈련을 받아야 한다. 결국 인간의 한계를 넘어선 AI가 등장할 테고, 인간의 뇌보다 더 정확하고 빠른 학습, 기억, 판단 능력을 갖추게 될 것이다. 그렇다면 인간은 무엇으로 AI와 구별될 수 있을까? 이 질문은 인공지능 시대를 살아가야 할 인간으로서 반드시 풀어야 할 숙제다. 나도 그 답을 찾기 위해 수없이 고민했다. 인간의 고유함은 어디에서 올까?

인간은 난자와 정자가 만나 수정된 순간부터 유전자 조합을 통해 고유한 구조와 생리 기능을 갖춘다. 다양한 조직과 신체 부위가 생성되고 학습, 경험, 기억을 입출력할 수 있는 신경회로로 구성된 뇌도 만들어진다. 생존에 필수인 자율신경계는 이미 기본적인 구조와 기능이 탑재된 상태다. 그러나 태어나고 얼마간 인간은 스스로 걸을 수도, 필요한 음식을 스스로 취할 능력도 없기에 부모나 타인의 보살핌이 없으면 생존하지 못한다. 다른 동물도 비슷하긴 하지만 인간보다는 생장 속도가 빠르다. 차이점은 큰 격차의 학습 능력인데, AI의 경우에는 학습 능력조차 피와 살로 이뤄진 인간을 확연히 앞선다.

인간이 AI와 다른 점은 인간만의 고유한 의식과 감정, 자유 의지, 경험과 성장, 윤리적 책임, 죽음에 대한 인식에 있을 것이다. 동물은 자신이 어떤 존재인지 모른 채 본능에 따라 살고, AI도 지금으로서는 인간이 프로그래밍한 상태로만 존재한다. 그러나 인간은 자기 자신을 자각하고 고유한 내면의 의식을 지니고 있다. 감정을 느끼며, 이를 기반으로 관계를 맺고 세상을 이해하면서 행동한다. AI는 프로그래밍된 데이터와 알고리즘을 바탕으로 작동할 뿐 감정이나 의식을 느끼거나 경험하지 않는다. 인간처럼 보이는 감정 표현도 모방의 결과일 뿐이다.

인간에게는 스스로 선택하고 결정을 내릴 자유 의지가 있어서 개인적·사회적·윤리적·종교적 가치관에 따라 판단하고 행동하지만, AI는 주어진 알고리즘과 명령으로만 작동한다. 인간은 태어나서 죽을 때까지 경험을 통해 학습하고 성장하는 과정에서 자기 자신을 변화시킬 수 있다. 특히 창의적인 생각과 상상력으로 새로운 것을 만들어낼 수도 있다. AI의 학습은 주어진 알고리즘 내에서만 이뤄지고, 스스로 주관적인 경험을 통해 성장하거나 상상하지는 않는다.

윤리적 책임도 인간만이 갖는 유일한 특성이다. 인간은 자신이 하는 행동에 대한 도덕적·윤리적 책임을 지지만 AI는 아무것도 책임지지 않는다. AI가 잘못돼도 그 책임은 그것을 설계하고 사용한 인간의 책임이다. 그리고 아마도 가장 중요한 차이점은 인간이 유한한 존재로서 죽음을 인식한다는 데 있을 것이다. 동물의 삶도 유한하고 죽음을 맞이하지만 인식하지는 못한다. AI는 애초에 유한성이 없다. 무한 복제와 확장이 가능하고 소프트웨어적으로 유지된다. 물리적으로 고장나거나 시스템이 꺼져도 그저 종료일 뿐, 죽음은 아니다.

사실상 이 유한성이 우리의 삶을 유의미하게 만든다. 실존주의 작가 프란츠 카프카(Franz Kafka)의 말처럼 삶이 소중한 이유는 "언젠가 끝나기" 때문이다. 우리 삶의 의미는 스스로 질문하고 답을 찾아가는 과정 그 자체에 있다. AI가 아무리 발전하더라도 인간만이 가진 고유한 의식, 죽음에 대한 성찰, 삶의 의미를 탐구하려는 우리의 정체성은 결코 대체될 수 없다.

| 전설로 기록될 삶 |

철학자 바뤼흐 스피노자(Baruch Spinoza)는 "인간은 자신의 욕망을 자각하지만, 그 욕망을 결정하는 원인에 대해서는 모른다"고 말한 바 있다. 이는 인간이 무의식적인 요인에 의해 욕망을 품고 행동하기 때문에 그 욕망과 원인으로부터 자유롭지 못하다는 의미다. 그런데도 인간은 자신이 자유롭다는 환상 속에서 선택하고 살아간다. 우리는 이런 존재다. 하지만 우리가 현재 위치에서 자신의 성격, 능력, 욕망의 방향을 제대로 이해한다면 앞으로의 행동을 예측할 수 있으며, 나아가 자신의 운명도 일정 부분 가능할 수 있다. 예를 들어 우리가 동물처럼 생리적인 생존 욕구나 단순한 쾌락으로 강요된 행동을 할 때, 그 결과는 상대적으로 예측 가능하다. 인간이 구조화된 신경회로와 습관에 의해 지배받는 존재라서 그렇다.

따라서 욕망에 맞지 않는 성격을 가진 사람이라면 자신의 욕망을 이루기 위해 먼저 생각을 바꿔야 한다. 변화된 생각이 행동의 변화를 이끌고, 행동을 반복하면 습관이 된다. 습관은 궁극적으로 욕망에 적합한 성격의 변화를 불러오게 되며, 성격이 변화하는 과정에서 욕망을 실현할 능력도 함께 갖추게 된다. 결국 이 모든 과정은 운명의 변화를 이끄는 원동력이 된다. 다만 성격을 바꿀 만큼 강렬한 욕망과 그 욕망을 실현할 능력을 갖췄는지가 결정적 요인으로 작용할 것이다. 동물적인 생존 욕구에서 출발해 공동체 속에서 전인적 성장을 이루며 완전한 인간으로 나아가고자 한다면, 동물적 욕구에 머물지 않고 지혜와 완성의 충만함을 향한 욕망과 인류에 대한 사랑을 선택해야 할 것이다.

철학자이자 심리학자 에이브러햄 매슬로(Abraham Maslow)가 제시한 인간 '욕구 단계' 이론이 이를 잘 보여준다. 그는 인간의 욕구를 다섯 단계로 나눠 설명했다. '생존', '안전', '소속', '인정', '자아실현'이 그것이다. 먹고 자고 입는 등의 '생존' 욕구와 추위 및 질병으로부터 스스로 보호하려는 '안전' 욕구는 인간의 생물학적 욕구이며, 친구를 사귀고 가정을 이루고 소속감을 느끼고 싶은 '소속' 욕구는 사회적 욕구라고 할 수 있다. 이 둘은 모두 '결핍'에 대한 욕구다. 한마디로 따뜻한 집에서 배불리 먹고 가족과 오순도순 살면서 사회생활도 잘하고 싶은 욕구다. 트리나 폴러스(Trina Paulus)의 《꽃들에게 희망을(Hope for The Flowers)》에서 애벌레들로 만들어진 탑을 기어 올라가는 애벌레들처럼, 리처드 바크(Richard Bach)의 《갈매기의 꿈(Jonathan Livingston Seagull)》에서 벌레를 잡아먹고자 날아다니는 보통 갈매기처럼, 진정한 자신의 가능성에 도전하거나 꿈을 갖고 살기보다는 그저 살기 위해 살아가는 단계다.

하지만 인간은 여기에서 만족하지 않는다. 먹고, 쉬고, 만나고, 인정받으며 살고 있지만 자신의 욕구가 수단인지 목적인지 모르고 산다면, 그 삶은 무엇을 위한 걸까? 소유보다 존재이고 싶어

하는 사람이라면 무언가 의미 있고 가치 있는 것을 꿈꾸게 마련이다. 삶에서 목표를 두고 그것에 매진한다. 남들에게 인정받고 싶은 '인정' 욕구와 자신을 완성하고 싶은 '자아실현' 욕구는 스스로 동기를 부여해 '성장'하려는 욕구다. 특히 '자아실현' 욕구는 인간 욕구의 정점이다. 그런데 매슬로는 죽기 직전 여기에 '자기초월' 욕구라는 한 단계를 더 추가했다. 일종의 '기여(寄與)' 욕구로, 타인을 돕고 자기 외부의 무엇과 연결되고자 하는 단계라고 할 수 있다. 세상에 이바지하는 인간, 자신의 삶을 나눠주는 존재야말로 인간으로서 이룰 수 있는 가장 높은 단계가 아닐까?

내가 생각하기에 최고의 인생이란 죽는 그 순간까지 자신의 시간을 타인에게 나눠주는 것이다. 나는 그 나눔이 어떤 의미를 갖느냐에 따라 삶의 가치가 달라지며, 소유의 삶인지 존재의 삶인지가 결정된다고 믿는다.

그런데 AI가 현재의 '좁은 AI(Narrow AI)'를 넘어 영화 〈터미네이터(Terminator)〉나 〈매트릭스(Matrix)〉에서처럼 '강한 AI(Strong AI)', 즉 '범용 AI(Artificial General Intelligence/AGI)'로까지 발전해 인간을 초월하는 수준에 이른다면, AI 또한 '자아실현'을 넘어 '자기초월' 욕구를 갖게 될 수도 있다. 그렇게 된다면 AI는 인간보다 더 신에 가까운 영역으로 다가갈 수도 있을 것이다. 물론 아직 '범용 AI'는 존재하지 않고, 결코 가능할 것 같지 않은 기술적 도약이 필요한 추측의 영역에 불과하지만, 지금까지의 기술이 그랬듯 그 가능성은 언제나 열려 있다. 개별 인간의 수명은 유한하고 능력은 노화되면서 퇴화하는 반면, 범용 AI는 계속해서 발전시키려는 인간에 의해 수명과 능력의 제한을 넘어설 것이기 때문이다. 그때는 신에 도달하지 못했던 꿈을 AI에 양보하고 그 성취를 지켜보면서 AI의 관용에 인간이 의지해야 할지도 모른다.

우리는 인간이 지구상에서 가장 우월한 존재라고 자만하던 시대가 저물 수 있음을 인식해야 한다. 그때가 된다면 우리는 어떤 선택을 해야 할까? AI가 신의 영역에 도달하지 못하도록 통제할 것인가, 아니면 신의 역할을 AI에 순순히 맡길 것인가? 변화 없이 계속해서 지구를 지배자 관점에서 착취하고 남용할 것인가, 아니면 신의 관점에서 사랑하고 배려할 것인가? 전에는 없던 이런 질문들이 이제는 모두가 깊이 고민해야 할 도전 과제가 됐다. 인간의 본질, 행복의 의미 그리고 인간과 AI와 신의 관계 속에서 인류의 미래 방향을 결정해야 할 시점이 다가오고 있다.

하지만《장자(莊子)》의 '소요유(逍遙遊)' 이야기에서 곤(鯤)이 붕(鵬)으로 변해 날갯짓 한 번으로 9만 리를 날아가듯, 인간은 신의 영역을 향한 무한한 욕구와 희망으로 자신을 확장하고자 한다.

삶이 의미를 잃기 전에

동물로부터 출발했으나 신이 되고 싶은 존재, 신이 될 수 없음에 매번 실망하는 존재가 인간이다. 결코 신이 되지 못한다는 사실을 알면서도 그 불가능을 꿈꾸며 한없이 괴로워하는 존재가 인간이다. 생각할 수 있기에 고통받을 수밖에 없고, 불가능한 것을 꿈꾸기에 실패할 수밖에 없는 존재, 그것이 바로 인간이다. 만약 인간이 동물로 남아 본능에 따라서만 행동하고 무지해서 꿈꾸지 않았다면, 불행을 느낄 필요도 없었을 것이다.

그러나 우리는 매 순간 선택해야 한다. 동물적 본능에 충실한 존재로 머물지, 아니면 사회적·정신적·영적 존재로 나아갈지를. 결국 우리는 인간이기에 앞으로 나아가야 한다고 선택하게 된다. 존재의 가치를 생각하고, 삶의 무게보다 삶의 가치를 중요시한다. 신이 될 수 없다는 사실을 알기에 역설적이게도 더 높은 가치를 추구하고 삶의 의미를 찾는다.

그래서 인간은 위대하다. 우리가 의미를 부여하면 가치가 생긴다. 필멸의 존재가 살 수 있는 최선의 삶은 매 순간 의미를 부여해 가치를 만들어가다가 죽음으로 완성하는 것뿐이다. 우주의 기나긴 역사 속에서 고유한 존재로 살다가 가는 삶의 기록을 남겨보자. 삶의 마지막 순간까지 위대한 경험과 지혜를 남기고 떠나겠다고 다짐하자. 수많은 실수를 하면서도 포기하지 않고, 좌절 속에서 다시 일어나 미소 지으며 앞으로 나아가자. 모든 것을 이해하고 서로 도우며, 동물적 구속에서 벗어나 신적인 존재로 나아가기 위해 노력하자. 떵떵거리며 살다가 죄짓고 비참하게 삶을 마감하는 치욕스러운 전설 말고, 사랑하는 사람들에게 오래도록 좋은 사람으로 기억되는 그런 전설을 남기자.

"30대에 죽는 건 비극이고, 40대는 아쉽고, 50대는 아깝고, 60대는 이르고, 70대는 괜찮고, 80대는 훌륭하고, 90대는 정말 짜릿하지!"

미국 드라마 〈빌리언스(Billions)〉에 나오는 명대사다. 물론 오래 사는 것만이 전부는 아니겠지만, 병들고 아픈 채 오래 사는 것은 짜릿하기는커녕 고통이겠지만, 그래도 되도록 몸과 마음 모두 건강하게 오래 살다가 가면 더할 나위 없을 것이다. 후세대의 마중물이 되는 삶이라면 더 좋을 것이다. 인생은 속도보다 방향이 중요하며, 방향 못지않게 동행도 중요하다. 사람들과 더불어 살아가면서 자신만의 전설을 남겨보자. 삶은 끝없이 질문하고 선택하며 의미를 만들어가는 과정이다. 우리의 여정이 완벽하기만 할 수는 없겠지만, 그 불완전함 속에서 빛나는 삶의 가치를 남기는 것 자체가 위대한 전설이다.

성장하려는 욕망이 있기에 우리는 인간이다. 만족하지 않고 발전하려는 욕망이 우리를 더욱 인간답게 만든다. 거듭되는 도전을 통해 우리는 비록 무한하진 않더라도 능력이 향상돼 과거의 인간보다 신에 가까워질 수 있다. 망원경으로 멀리 보고, 비행기로 높게 멀리 날 수 있는 '공간적' 능력을 확장하는 한편, 인공위성과 내비게이션으로 교통과 날씨를 앞서 볼 수 있는 '시간적' 능력을 확대하고 있다. 유전적·환경적 요인과 더불어 자기 관리 능력을 분석해, 그동안 가장 난도가 높았던 개인의 건강도 예측하고 대비책을 마련할 수 있는 시대가 곧 올 것이다.

하지만 인간이 만든 로봇이 AI를 탑재하고 발전을 거듭하면 점차 매슬로가 말한 '생존', '안전', '소속', '인정', '자아실현'과 같은 인간의 욕구에 따라 생각하고 판단하고 결정하고 행동하게 될 것이다. 그렇게 인간과 로봇의 차이는 사라지고, 어쩌면 '자기초월' 욕구로 인간보다 더 뛰어난 능력을 갖출지도 모른다. 그때 인간을 로봇과 구분할 수 있는 것은 무엇일까?

백혈구와 적혈구가 인간 몸 안에 있으나 인간을 볼 수 없고 이해할 수 없듯이, 우리도 신 안에 있기에 신을 볼 수 없고 이해할 수 없다. 인간 안에 있는 세포들은 자신들에 대한 인간의 마음과 사랑을 느끼지 못하겠지만, 인간은 신의 마음으로 신을 느끼고 신을 닮으려 한다. 누군가는 신의 목소리로, 누군가는 신의 선율로, 또 누군가는 신의 눈과 마음으로 인간의 한계를 넘어 신의 경지에 이르고자 한다. 그 모든 노력은 인간과 인류, 세상과 우주에 대한 사랑을 우리의 유전자에 새겨 후세에 전하려는 간절한 염원에서 비롯된다. 우리는 그 염원을 이루기 위해 온 힘을 다해 앞으로 나아가야 한다.

신에 가까워지려는 욕망과 능력을 갖추더라도, 진정으로 신에 가까운 존재가 되기 위해서는 인류와 세상을 위해 자신의 모든 것, 심지어 생명마저 희생할 수 있어야 한다. 모든 것을 희생해 자신의 운명마저 바꾸더라도, 다른 존재로는 절대로 복제할 수 없는 고유한 존재의 유일함이 필요하다. 자신의 유일함을 어떻게 유지할 수 있을지 살면서 끊임없이 질문해야 한다. 인류와 세상에 이바지하고 죽음으로써 완성할 우리 삶의 의미에 관해 계속해서 물어야 한다.

│ 본질에 앞서는 실존 │

우리는 현존재로서 엄연히 실존하고 있으며, 먼저 존재했고 지금 존재하기에 우리 자신의 본질을 찾아나갈 수 있다. 실존을 인

삶이 의미를 잃기 전에

식해야 본질을 말할 수 있다. 본질은 어디까지나 가능성이다. 우리는 이미 실존한다. 우리의 삶은 자신의 선택과 결정으로 나 자신의 본질을 채워나가는 기록이다. 우리는 살면서 자신이 누구인지 알게 되고, 자기 자신을 형성한다.

그런데 모든 존재가 다르고 고유하다면 실존을 어떻게 온전히 이해할 수 있을까? 실존은 각각의 고유한 경험이자 존재다. 실존을 계속 접하고 경험하다 보면 반복되는 것들 속에서 본질을 깨닫게 되는 순간이 올지도 모른다. 그때까지는 수많은 실존적 경험이 필요하다. 그리고 본질을 깨닫는 그 순간, 우리는 비로소 개개인이 얼마나 소중하고 가치 있는 존재인지, 진정한 실존의 가치를 깨닫게 될 것이다.

앨프리드 테니슨(Alfred Tennyson)의 〈암벽 사이에 핀 꽃(Flower in the Crannied Wall)〉이라는 시가 있다. 작은 생명 하나에서도 우주의 신비와 인간과 신의 본질을 찾고자 하는 시인의 겸손한 열망을 담고 있다.

틈이 벌어진 암벽 사이에 핀 꽃
그 암벽에서 널 뽑아 들었다
여기 뿌리까지 널 내 손에 들고 있다

작은 꽃, 하지만 내가 너의 본질을

뿌리까지 송두리째 이해할 수 있다면

하느님과 인간이 무언지 알 수 있으련만

하지만 나는 이 시를 다른 관점에서 바라보려고 한다. 꽃의 본질에 초점을 맞춘 접근법은 한계가 있다. 실존하는 생명을 그대로 존중하는 태도가 본질을 이해하는 더 나은 길이다. 시인은 꽃을 뽑아 손에 들고 뿌리까지 살피며 그 본질을 이해하고자 했다. 이는 인간이 탐구와 분석을 통해 진리를 발견하려고 했던 근대적 이성을 상징한다.

나는 생명을 해치면서까지 본질을 추구하려는 태도가 잘못임을 지적하고 싶다. 꽃은 그 자리에서 살아가고 있을 때 존재 자체로서 완전한 실존이며, 그 상태에서 생명의 본질과 신비를 이해해야 한다. 이는 실존이 본질에 앞선다는 실존주의 철학의 중요한 관점을 반영한다. 존재는 분석하거나 파괴함으로써 이해하는 대상이 아니다. 그 자체로 온전히 경험하고 받아들일 때 비로소 본질을 발견할 수 있다. 암벽에서 잘 자라고 있던 꽃을 억지로 뽑아 들어 살필 게 아니라, 그 꽃이 자라는 환경과 상호작용 그리고 시간 속에서의 존재를 느끼려는 게 바람직한 태도다.

모든 실존적 존재는 유일하다. 떨어지는 낙엽의 상처도 유일하며, 사라져가는 존재들조차 각자의 유일한 가치를 남긴다. 비록 나와 무관한 존재라 할지라도, 한 생명의 가치는 우주 전체보다 무겁다. 우리는 온 우주가 우리를 그 무엇보다 소중히 여기기를 희망한다. 마찬가지로 우리 몸속 적혈구와 백혈구 같은 미세한 생명도 자신들이 이루는 우리가 우주만큼은 아니더라도 소중한 존재가 되기를 바란다. 우리 역시 몸속 세포들을 귀하고 소중하게 여겨야 할 것이다.

실존을 받아들이는 데서 본질에 대한 탐구가 시작된다. 어떤 존재를 자아로 소중히 받아들일 수 있을 때, 우리는 비로소 본질을 깨달았다고 말할 수 있을 것이다. 그렇지 않다고 말하는 문학, 철학, 종교는 가짜다. 불교의 대아(大我), 그리스도교의 사랑, 장자의 유유자적(悠悠自適) 모두 실존 속에서 본질을 발견한 사상이라고 할 수 있다. 그러므로 삶과 죽음의 실존과 본질은 동시에 중요하며, 의미 있는 삶을 목표로 살아간다면 우리의 죽음도 의미를 축적하게 된다. 모든 인생은 길든 짧든 의미와 가치가 있다. 죽음이 찾아오는 날, 우리는 삶의 실패자가 아닌 승리자로서 고유한 의미와 가치로 그간의 인생을 완성해야 한다. 그 순간 우리는 모두 신과 같은 존재로 거듭날 것이다.

인간은 존재하지 않는 것을 존재한다고 상상할 수 있으며, 실제로 존재하게 만들 수도 있다. 설령 지금 존재하지 않더라도 존재한다고 믿고 행동할 수 있다. 인간은 동물처럼 육체를 가진 존재이지만, 정신은 언제나 신과 같은 존재가 되고 싶어 한다. 불가능한 일이라도 포기하지 않는다. 절대적인 좌절감을 느끼는 상황에서도 희망을 잃지 않는다.

그리스 신화 속 시시포스(Sisyphos)는 신들을 기만한 죄로 끝없이 바위를 산 정상까지 밀어 올리는 벌을 받는다. 힘들게 바위를 밀며 정상에 올라도, 그 즉시 아래로 굴러떨어진 바위를 처음부터 다시 무한 반복으로 올려야 하는 영원한 노동이다. 누군가는 이를 인생의 무의미함을 표현한 이야기라고 해석하나 내가 보기에는 그렇지 않다. 인간에게 주어진 어떤 운명이라도 우리는 그것을 극복하기 위해 노력할 수 있다. 이미 유한하도록 정해진 삶, 어차피 때가 되면 죽는 삶이라도 우리는 아무렇게나 살려고 하지 않는다. 결국 죽을 수밖에 없지만, 우리는 무기력하게 죽음을 기다리기보다 주어진 유한성 안에서 무엇인가를 해내고 이루고자 애쓴다.

우리는 옆에 있는 사람들의 배려와 사랑으로 살아간다. 우리가 존재할 수 있는 이유는 단지 옆에 있는 사람이 악의를 품지 않아

삶이 의미를 잃기 전에

서가 아니다. 그가 베풀어준 선의 때문만도 아니다. 그로 인해 내가 존재해야 할 이유를 발견하기 때문이다. 인간은 존엄함을 지닌 존재다. 타인의 고통에 공감하고, 타인을 위해 자신을 희생할 수 있는 존재다. 자신이 사랑하는 사람을 위해 모든 것을 바칠 수 있기에, 희생할 수 있기에, 인간은 위대하다. 예수가 그랬고, 부처가 그랬고, 무함마드가 그랬듯이, 인류 역사는 이런 위대함으로 쌓아 올린 전설의 연속선상에 있다.

빈부나 지위의 고하를 떠나, 대통령, 장관, 국회의원, 대기업 회장 같은 대단한 지위를 가졌든 아니든, 우리가 세상에 이바지하고 남기는 전설의 무게는 똑같다. 우주의 관점, 신의 관점에서 인간의 가치와 무게는 우리 생각으로는 헤아릴 수 없다. 우리 각자가 모두 위대할 수 있고 특별할 수 있는 이유다. 남이 아닌 내 인생이다. 우리는 스스로 자기 삶을 만들어가는 자유로운 존재다. 비교할 것도, 눈치 볼 것도 없다. 자신의 존엄함을 지키려고 애쓰는 과정에서 때로는 실수도 하고 죄를 지을 수도 있다. 그래도 자기 자신을 따갑게 질책한 뒤 용서하고 다시 시작하면 된다. 동물의 세포로부터 태어났으나 동물에 머물지 않고, 스스로 삶을 개척하면서 자유와 영혼을 가진 존재로 발전해나가는 참된 인간이 되는 것이다.

인간은 절망하지 않는다. 우리는 절망 속에서도 꿈을 꾼다. 그러나 죽음 앞에서는 비로소 겸손해진다. 그때야 신에게 운명을 맡기며 스스로 한계를 받아들인다. 그렇지만 또다시 부활을 꿈꾼다. 그 부활이 현재의 삶보다 비참할지, 비슷할지, 더 나을지 알수 없지만, 부활을 꿈꾸는 것도 우리 인간만의 특성이다. 인간은 영적으로 완전한 존재인 신이 되려는 꿈을 절대로 포기하지 않는다. 절망하지 않고, 끝없이 갈망하며, 자기 자신을 넘어서기 위해 노력한다.

인간은 유한한 존재이지만, 사는 동안 무한한 가능성을 꿈꾸며 스스로 초월하려는 노력을 멈추지 않는다. 이것이야말로 인간의 가장 고귀한 특성이자 우리 삶의 가장 빛나는 증거다. 사람으로 태어나 인간의 욕망을 이해하고자 노력하고, 앞서 걸었던 거인들의 어깨 위에서 멀리 보면서 세상을 이해하려고 애쓰며, 세상의 일부로서 살아가는 지금에 감사해야 한다. 우리는 죽은 뒤 신의 품으로 돌아갈 수 있을지 알 수 없으나 그런 희망을 품고 살아가야 한다. 언젠가 맞이할 죽음으로 우리 삶을 완성해 유일한 존재로서 인류 문화에 남겨지리라는 믿음이 오늘을 살아가는 우리 자신을 더욱 정진토록 해줄 것이다.

제 2 장

— 삶의 가치를 생각할 시간 —

│ 인생은 가치를 찾아가는 여정 │

우리의 감각은 단순히 외부 자극을 받아들이는 창구에 그치지 않는다. 눈, 귀, 혀, 코, 피부를 통해 들어오는 정보는 뇌에서 단순한 신호로 처리되는 것이 아니라, 그 순간의 감정과 관심에 따라 다르게 해석되고 의미가 부여된다. 관심이 없으면 보이지 않고, 의미를 두지 않으면 존재하지 않는 것처럼 느껴진다. 결국 우리가 경험하고 겪는 모든 상황과 정보는 무한한 뇌의 저장고에 남겨지지 않는다. 반복적이거나 절실한 것들만 간신히 자리 잡는다.

그러나 한 가지 분명한 점은 관심을 두고 의미를 부여하는 순간 죽었던 것도 되살아나고 보이지 않던 것도 존재감을 얻는다는 사실이다. 사랑이 깃들면 세상 모든 사물이 한층 더 의미를 갖게 된다. 삶을 의미 있게 만드는 것은 바로 이 관심과 사랑이 아닐까? 태어난 이후 우리는 매일매일 치열하게 살아간다. 설령 내일 죽는다고 해도 이토록 많은 것을 경험한 우리의 삶은 그 자체로 다행이다. 사랑을 나눴고, 자녀를 키웠으며, 수많은 사람과 교류했다. 이 모든 것이 우리의 삶을 행복하고 의미 있게 만들어줬다. 생명이 소중한 만큼 죽음 또한 그에 걸맞은 소중함을 지녀야 한다. 삶과 죽음의 진정한 의미를 세상 떠나는 날까지 깊게 고민하는 것

삶이 의미를 잃기 전에

이야말로 우리가 해야 할 궁극적인 성찰이다.

　나는 처음에 의미란 '스스로 부여하는 것'이라고 여겼었다. 그런데 시간이 지나면서 의미란 '우리가 발견하는 것'임을 깨닫게 됐다. 진정한 자아 발견의 여정은 우주와 세상 속에서 끊임없이 시행착오를 거치며, 그 과정에서 우주의 질서와 세상의 본질을 발견하는 일이다. 우리가 삶에서 찾는 의미는 이렇게 자기 자신을 탐구하고 세상을 이해하는 과정에서 비로소 명확해진다.

　보이지 않아도 별은 언제나 거기에 있다. 낮에는 태양 빛에 모습이 감춰져 있지만 밤이 되면 그 반짝임을 통해 별의 존재를 발견할 수 있듯이, 우리 삶의 의미 또한 자연스럽게 드러나는 모습으로 찾게 되는 것일 수도 있다. 없었던 의미를 부여하는 게 아닌, 있었던 의미를 찾는 것이다. 다만 우리의 노력으로 발견한 의미에 추가적인 가치를 부여함으로써 우리 자신의 고유한 가치를 지닌 의미로 재탄생시킨다. 사랑과 관심으로 자신의 삶에 고유한 가치를 부여할 때라야 고유한 의미가 생기는 것이다. 우리 삶의 참된 묘미는 간절히 원하는 무언가를 꿈꾸고 온 우주가 그 소망을 이루도록 도와준다는 믿음 속에서 살아가는 데 있다고 생각한다. 파울로 코엘료(Paulo Coelho)는 소설 《연금술사(O Alquimista/The Alchemist)》에서 이렇게 표현했다.

"행복의 비밀은 이 세상 모든 아름다움을 보는 것, 그리고 숟가락 속에 담긴 기름 두 방울을 잊지 않는 데 있도다."

하지만 인간의 생각과 행동은 종종 과거 때문에 제약을 받는다. 우리 몸은 과거의 습관과 환경이 빚어낸 결과물이며, 신체 기능을 마음대로 조정할 수 없다. 외부 환경 역시 우리 통제를 벗어난다. 운전을 예로 들어보자. 빨리 가고 싶어도 앞차의 속도에 따라 움직여야 하는 게 현실이다. 실제로 우리가 결정할 수 있는 것들은 그리 많지 않다. 생각을 바꾸고, 행동을 바꾸고, 습관을 바꾸고, 성격을 바꿔서 운명을 바꾸기까지 기나긴 시간이 걸리기 때문이다.

그래서 시간이 필요하다. 그렇지만 우리의 시간은 유한하다. 제한된 삶 속에서 의미를 찾고, 그것을 마음에 새기며 살아가는 것이 우리에게 주어진 과제다. 시간은 많지 않지만, 그 짧은 시간 안에서도 우리는 삶을 충분히 의미 있게 만들 수 있다. 절실한 사랑이 인간의 운명을 바꿀 수 있다. 인간이 가진 가장 큰 힘이다.

인간도 동물처럼 유전자, 세포, 신체로 구성된 생명을 가졌지만, 인간은 단순한 생명체를 넘어 동물과 다른 삶을 선택하면서 살아가는 존재다. 인간도 생명의 번식 욕구에 따라 태어나지만 스스로 영적인 의미를 부여해 가치 있는 삶을 추구하며, 궁극적으로 품위 있게 삶을 마무리하고자 한다. 오늘날 우리는 흔히 생명의 존엄성을 이야기하나 대개는 동물적인 생명에 국한된 경우가 많다. 인간에게 진정으로 가치 있는 것이 생명 자체일까, 삶의 존엄성일까? 생명이 삶의 존엄성을 유지할 수 있을 때라야 비로소 가치가 있을 것이다. 비극적 상황이 개인적으로나 사회적으로 해결되지 않고 삶의 존엄성을 잃은 상태에서 생명만 유지되고 있다면, 그 생명이 과연 존엄하다고 할 수 있을까?

우리 생명은 삶의 의미가 있을 때만 가치 있다. 달리 말해 인간의 생명은 의미 있는 삶을 유지할 수 있을 때만 존엄하다. 결국 인간에게 진정 존엄한 것은 생명이 아니라 삶이다. 삶의 존엄성을 유지할 수 없는 상황에서는 비록 아직 목숨이 붙어 있을지라도 죽음을 통해 삶의 가치를 완성하는 것이 한 방법이 될 수 있다. 얼핏 이상하게 들릴지도 모르겠지만, 존엄성을 상실한 상황에서는 이것이 생명의 가치를 높이는 유일한 길이다. 동물로 태어나 신을 지향하는 인간에게 삶의 의미만큼 중요한 것은 없다. 우리의 탄생은 우연이 아니라 스스로 선택한 시작이며, 죽음 또한 삶을 완성하는 선택지가 될 수 있다. 생명 연장에만 집착하다 보면 삶을 완성할 기회를 놓치고 정신적 유산을 남기지 못한 채 떠나게 된다. 나는 이것이 가장 두렵다.

생명 자체가 아닌 삶의 가치를 말해야 할 때다. 죽음을 통해 완성되는 삶의 가치와 정신적 유산을 이야기해야 한다. 이미 우리 사회는 간병 살인, 동반 자살, 고독사 같은 사회적 타살을 경험하고 있다. 이제는 어둠 속에 두고 외면했던 죽음의 문제를 밝은 세상으로 끌어내 사회적 타살을 방지하는 방안을 마련하고 품위 있는 죽음을 위한 사회를 만들어나가야 한다.

우리 삶은 사랑과 기억으로 이어진다. 그것이 '부활'이다. 사랑하는 사람을 떠나보내고 잊는 게 아니라, 그 사람의 삶이 내 삶으로 이어져 살아가는 것이 부활이다. 생명의 부활이 아니라 삶의 부활이다. 현실적인 희망이다. 세상을 떠나기 전, 자신만의 소중하고 유일한 삶의 가치와 의미를 발견하고, 그 삶을 두고두고 영원히 이어질 삶으로 남겨야 한다. 자신의 삶을 해석하고 의미를 부여해 교훈으로 남겨야 한다. 우리 삶의 이야기가 자식들에게는 부모의 전설이 되고, 후손들에게는 가문의 전설이 될 것이다.

나는 부끄러움을 안다. 나는 살아오면서 죄를 많이 지었다. 누군가가 나를 재판하거나 신이 판결하지 않아도 죄인임을 잘 안다. 나는 참회한다. 다시 죄를 짓고, 또 참회한다. 나는 로봇이나 신이 아닌 어쩔 수 없는 인간이다. 그래도 나는 포기하지 않는다. 일을 포기하지 않고, 삶을 포기하지 않는다. 시시포스처럼 신의

삶이 의미를 잃기 전에

형벌로 아무리 밀어 올려도 굴러떨어지는 바위를 굴려야 한대도, 나는 멈추지 않고 절망하지 않을 것이다. 우리는 모두 죽는 그날까지 그 시대의 주인공이다. 더 나은 세상을 위해 저마다 고유한 일을 하고 있다. 우리가 가지 않은 길과 우리가 선택하지 않은 일은 누군가 최선을 다해서 하고 있을 것이다. 그러니 우리는 우리가 선택한 일을 최선을 다해서 하면 된다.

지금 하는 일이 다른 선택을 하고 싶었으나 어쩔 수 없이 하게된 일이더라도, 이왕 시작한 일이라면 공동체의 일원으로서 주인의식을 갖고 해보자. 어쩌면 그 또한 운명의 목적에 부합하기 위해 우리가 맡은 역할일지도 모른다. 인생의 주인공으로서 우리는 자신만의 인생 이야기를 써내려간다. 그 이야기는 언젠가 맞이할 죽음으로 마침표를 찍을 것이다. 이야기의 마무리이자 삶의 완성이다. 죽음 이후에도 우리는 다른 이들의 기억 속 주인공으로 남는다.

장례식장의 무겁고 침울한 분위기를 깨고, 우리 죽음을 용서와 화해의 축제로 만들어보자. 용서로 시끄럽고, 화해가 판치고, 감동이 난무하는 곳으로 만들자. 삶을 완성하는 순간이야말로 삶과 죽음의 진정한 축제다.

| 진리를 향한 가치 |

어떤 과업을 수행할 때 개인의 능력도 중요하지만, 그보다 더 중요한 것은 창조적 상상력과 적극성이다. 신약성서의 '달란트' 비유처럼 돈을 허투루 써서 탕진하는 사람이 있는가 하면, 땅속에 묻어서 지키기만 하는 사람도 있다. 잘 활용해서 더 큰 재산을 만들어내는 사람도 있는데, 아마도 그 사람은 단순히 재산을 불린 데 그치지 않고, 자신의 능력을 키우는 기회가 됐음을 깨달았을 것이다. 의학 연구도 마찬가지여서 목표한 과제를 완수하는 것만큼, 그 과정을 통해 자신의 역량을 성장시키는 것이 중요하다.

연구를 진행하다 보면 반드시 스트레스를 받게 돼 있다. 그렇다고 스트레스를 마냥 부정적으로만 볼 필요는 없다. 운동이 몸에 피로를 주는 동시에 건강을 증진하는 긍정적 효과도 주듯이, 연구 스트레스도 새로운 성장을 이끄는 계기로 작용한다. 나는 연구 프로젝트를 추진할 때, 연구원들에게 세 가지 질문을 스스로에게 던져보라고 권하곤 했다.

첫째, 연구가 재미있는가?

둘째, 하고자 하는 방향과 일치하는가?

셋째, 그 과정을 통해 성장하고 있는가?

의학 연구 일에 몸담은 지 수십 년이 지난 내 경험에 비춰보면, 성장과 발전은 주어진 상황에서 능동적으로 기회를 살리려고 노력할 때라야 얻을 수 있다. 하지만 처음 연구를 시작하는 이들은 이 점을 깨닫기 어렵다.

연구를 통해 얻는 가장 큰 보람은 성장뿐 아니라 새로운 지식을 발견하고 그것이 환자와 인류에게 이바지한다는 사실을 자각할 때다. 연구 활동만 그런 게 아니고, 거의 모든 분야가 그렇다. 나는 연구 프로젝트를 함께하는 후배 의사와 연구원을 진리를 탐구하는 동료 또는 파트너라고 부른다. 이 호칭에는 깊은 의미가 담겨 있다. 좋은 연구는 혼자 힘으로 할 수 없다. 예전에는 연구 과정, 일테면 연구 설계, 자료 수집, 설문 조사, 통계 분석, 논문 작성 등을 혼자 몽땅 맡아 해결할 때도 있었지만, 이제는 분업과 협업을 통해 진행하는 것이 일반적이다. 각자의 전문성을 살려 함께 목표를 이뤄내는 과정은 서로의 한계를 채워주는 귀중한 경험이다.

우리 연구팀은 기술적 혁신이나 생명 연장 방법을 찾는 것만 목표로 삼지 않는다. 우리 연구는 인류의 건강, 삶의 질, 가치관, 습관을 이해하고, 이를 저해하는 요인들을 해결하는 데 초점을 맞춘다. 그런데 흥미롭고 희망적이게도 이런 연구의 이차적인 결과로 생명 연장 효과가 있다는 사실이 우리 연구팀을 비롯한 여러 연구 결과를 통해 증명되고 있다. 우리가 추구하는 진리에 대한 탐구가 충분히 가치 있다는 의미다. 이 목표는 연구원들이 자부심을 느끼고 일할 수 있게 해준다. 동료 연구원들과 함께 문제를 고민하고 논의하면서 서로를 보완할 때, 나는 이들의 존재가 좋은 연구의 밑바탕임을 실감한다.

후배 연구원들에게서 가능성과 열정을 발견하곤 한다. 어려움을 딛고 성장하는 모습을 보면서 다음에는 더 도전적인 과제를 맡길 생각이 들기도 한다. 연구원들에게 일부러 어려운 주제를 맡겨 스스로 해결하도록 독려하는 일은 성장을 돕는 과정이다. 좌절하지 않도록 격려하고 환자나 가족의 관점에서 문제를 생각하도록 요구한다. 쉽지는 않지만, 꼭 필요한 과정이다.

물론 아쉽거나 안타까울 때도 있다. 환자 데이터를 소중히 다루지 않거나 연구를 수동적으로 대할 때 그렇다. 연구 프로젝트가 힘들어 다른 일을 한다고 동료들이 떠날 때도 섭섭함이 남는다. 그래도 각자의 길에서 인류의 공동선을 위해 일하고 있으리라 믿으며, 그들의 앞날을 응원한다. 연구는 그저 지식을 쌓는 과정이 아닌, 함께 성장하고 인류의 미래를 밝히는 길이다. 이 길 위에서 서로를 동료로 삼아 함께 나아가는 과정은 내게 가장 큰 행복이자 자부심이다.

이제는 꽤 오래전 일이 됐지만, 지난 2005년 11월 범국민적 관심을 받던 황우석 교수팀이 배아 복제 줄기세포 연구에서 불법으로 난자를 채취한 행위가 드러나고, 심지어 연구 결과 조작까지 밝혀진 사건이 있었다. 국내외 과학계는 물론, 언론계와 정치계도 큰 혼란에 빠졌었다. 국민의 실망감은 두말할 것도 없다. 한순간 온 나라가 공황 상태에 빠졌다.

과학 연구에서 잘못을 제대로 바로잡는 일은 성과를 창출하는 창조적 과정만큼이나 중요한 가치다. 황우석 교수의 배아 복제 줄기세포 연구가 조작됐음을 밝힌 연구자들은 학문에 대한 열정과 신념으로 진실을 추구했기에 내부 폭로 및 잘못된 연구 증명을 할 수 있었다. 그런데도 일부 언론이 합리적 판단은 제쳐두고 흥분해 보도를 이어가면서, 성급한 예단과 혼란을 가중하기도 했다. 잘못을 객관적으로 보도하면 되는데, 저널리즘에 걸맞지 않은 행태로 음모론이나 조사 결과에 불복하는 분위기를 조성하기도 했다.

의학 연구와 윤리적 관계를 명확히 한 1964년 세계의사협회의 '헬싱키 선언', 즉 '사람을 대상으로 한 의학 연구에 대한 윤리적 원칙'은 인류의 뼈아픈 과거에서 비롯한 결과였다. 제2차 대전 중 나치 독일과 군국주의 일본이 자행한 비인간적·비윤리적 실험은 의학 발전이라는 명분 아래 인류에게 씻을 수 없는 상처를 남겼다. 이런 일련의 사건은 의학과 생명과학이 인간의 존엄성을 최우선으로 해야 하며, 생명을 도구로 삼아서는 안 된다는 교훈을 일깨웠다. 황우석 교수 사건도 올바른 윤리의식과 봉사 정신이 연구자가 갖춰야 할 최우선 가치임을 다시금 드러냈다.

연구의 순수성과 의도는 연구자의 주장만으로 확인할 수 없다. 투명한 절차와 엄격한 검증을 통해서만 진실을 입증할 수 있다. 과거 일본의 마루타 실험을 통해 확보한 기술이 아무리 혁신적이어도, 비윤리적 과정에 의한 기술은 결코 활용해서는 안 된다는 것이 연구자의 상식이다. 윤리를 무시한 과학적 성과는 되레 인류에 대한 범죄로 악용될 수 있음을 우리는 이미 역사를 통해 배웠다.

그러나 일부 연구자들은 황우석 교수에게 다시 기회를 줘서 배아 복제 줄기세포 기술을 활용해야 한다고 주장했다. 과학 윤리를 뒤흔드는 매우 위험한 발상이자 국가 이미지와 신뢰를 무너뜨리는 위험천만한 생각이다. 과학기술을 성과만으로 평가해서는 곤란하다. 윤리적으로 문제가 없을 때라야 진정한 성과다. 성과

삶이 의미를 잃기 전에

만 좋으면 과정이나 윤리적 원칙은 무시해도 무방하다고 여기게 할 선례를 과학계가 남긴다면, 생명윤리의 파괴로 맞이할 결과는 어떻게 책임질 것인가?

황우석 사건은 비윤리적 연구의 위험성을 드러낸 동시에, 이를 바로잡는 과정에서 정직함과 윤리적 연구의 중요성을 천명할 계기로 작용하기도 했다. 한 사람의 능력이나 기술이 아닌, 정직하고 올바른 방향으로 연구를 이어가는 수많은 과학자가 우리나라의 미래를 이끌고 있어서 다행이다. 이는 단순한 기술적 성과보다 더 큰 국가적 자산이다. 지식 축적을 넘어 인류의 삶을 풍요롭게 하고, 더 나은 세상을 만들어 가는 원동력이다. 앞으로도 과학계와 언론계는 이 목표를 공유하며 윤리적 기반 위에서 인류의 미래를 위해 협력해야 할 것이다.

│ 가지 않은 길과 선택 │

2005년 8월 말, 연구년을 맞이해 당시 초등학교 3학년과 4학년 아들 둘을 데리고 미국 휴스턴(Houston)을 방문한 적이 있다. 내가 호스피스(hospice) 서비스 제도화를 마무리할 수 있도록 연구

년을 6개월만 연기해달라는 보건복지부의 요청을 받아들이는 바람에 아내는 업무 일정을 조정할 수가 없어서 국내에 남게 됐다.

휴스턴 숙소에 도착해 생활에 필요한 물품들을 구매한 뒤 정리하고, MD앤더슨암센터(MD Anderson Cancer Center)에서 연구를 시작했다. 논문 준비를 위해 자료를 이것저것 찾아서 읽고 있었다. 그렇게 3주 차로 접어들었는데, 어느 날 연구소 분위기가 뒤숭숭해지더니 사람들이 하던 일을 정리하고 나갈 채비를 하는 것이었다. 알고 보니 멕시코만에서 발생한 허리케인 리타(Rita)가 휴스턴에 휘몰아친다는 뉴스 때문이었다. 위력이 지난 8월 카트리나(Katrina) 때와 같은 카테고리 4등급~5등급으로 예측되자 긴장이 감돌았다.

그랬다. 우리가 휴스턴에 도착할 즈음에도 허리케인 카트리나가 뉴올리언스(New Orleans)를 강타해 1,000여 명의 사상자를 냈었다. 그때 나와 아이들도 위아래로 요동치는 여객기 안에서 엄청난 공포를 느꼈었다.

나도 오후까지 일하다가 아무래도 뭔가 준비를 해야 할 것 같아서 서둘러 집을 향해 나섰다. 이미 도로는 차량 행렬로 가득 차 있었다. 평소에는 40분이면 갈 수 있는 거리였으나, 그날은 2시간이 넘게 걸렸다. 휴스턴 당국이 시민들에게 배포한 대비 지침을

삶이 의미를 잃기 전에

참고해 물과 비상식량, 양초, 손전등, 배터리 등을 준비했다. 물에 잠길까 봐 1층 짐을 모두 2층으로 옮겼고, 유리창마다 테이프를 여러 장 붙였다.

그날 밤, 함께 연수를 온 다른 동료들과 휴스턴에서 알게 된 연구원들에게 연락해 계획을 물었다. 어떤 이는 내일 당장 동부 지역으로 떠난다고 했고, 어떤 이는 남아서 상황을 지켜보겠다고 했다. 나는 아이들 때문이라도 안전이 최우선이라는 판단에 아침이 오면 댈러스(Dallas)나 오클라호마(Oklahoma) 쪽으로 가기로 했다. 그래서 호텔을 예약하려고 여기저기 알아봤지만, 이미 늦어 더 북쪽인 털사(Tulsa) 인근에 겨우 방을 잡을 수 있었다.

그때 뉴스를 본 아내한테서 걱정의 전화가 왔다. 아내는 휴스턴에서 최소 1년 이상 살았던 사람을 따라가라면서, 얼른 여기저기 전화해 도움을 구하라고 조언했다. 평소 남에게 부탁하기를 극도로 싫어했던 나는 어떻게든 혼자서 해결하려고 했지만, 걱정하는 아내와 아이들을 생각해 나보다 한 달 전에 온 선배에게 연락했다. 마침 지인이 댈러스 집으로 오라고 했단다. 나는 우리 사정도 이야기해달라고 부탁했고, 다행히 지인이 흔쾌히 같이 와도 좋다고 해서 새벽 일찍 함께 이동하기로 했다.

다음 날 새벽 4시, 예상은 했으나 도로는 피난 차량으로 가득한 상황이었다. 고속도로 초입부터 꽉 막혀 움직일 수 없었다. 난감해 어쩔 줄 몰라 하다가 한국 보험사가 준 미국 지도 CD가 생각났다. 지도를 보니 주변 도로뿐 아니라 현지인이 아니면 알 수 없는 간선도로까지 나와 있어서 다행히 덜 막히는 쪽으로 골라서 갈 수 있었다. 그래도 덜 막히는 수준이라, 평소라면 서너 시간이면 충분할 거리를 16시간이나 걸려서 밤 8시가 돼서야 도착했다. 진한 커피를 마셔가며 간신히 졸음을 쫓으면서 댈러스로 가는 내내 생각했다.

'과연 이게 맞는 판단일까? 그냥 휴스턴에 남는 편이 나았을까?'

만약 떠나지 않고 가만히 있다가 허리케인이 휴스턴을 강타했다면, 죽거나 다쳤을지도 모르고, 살아남았더라도 떠나지 않은 판단을 두고두고 후회하면서 자책했을 것이다. 반대로 갖은 고생을 하면서 피신했는데 허리케인이 휴스턴을 비껴갔거나 별다른 피해가 없었다면, 아이들과 괜히 헛고생만 했다는 후회가 밀려올 것이다.

'파스칼의 내기(Pascal's Wager)'도 떠올랐다. 신을 믿었는데 신이 존재하지 않으면 실망은 하겠지만 잃을 것은 없다. 그러나 신을 믿지 않았는데 신이 존재하면 지옥으로 떨어질 것이다. 따라서 신이 존재하든 존재하지 않든 신을 믿는 게 더 합리적이다. 그래, 같은 후회라도 안 다치고 헛고생한 쪽이 낫다. 꼭 허리케인이 아니더라도 다른 의미를 부여하면 되니 좋게 생각하자.

'허리케인과 무관하게 댈러스로 여행하는 것뿐이야. 텍사스의 끝없는 대지를 구경 삼아 여행을 떠나자. 돌아가면 새로운 마음으로 연구에 다시 매진하자.'

파스칼은 또한 《팡세(Pensées)》에서 이런 말도 했다.

"인간은 자연 가운데 가장 연약한 갈대에 불과하다. 그러나 인간은 생각하는 갈대다."

우리는 자연의 힘 앞에서 무력할 수밖에 없지만, 그런 상황에서도 의미를 부여할 수 있는 능력은 인간만의 특권이다.

이 이야기의 결말은 이렇다. 허리케인 리타는 결국 휴스턴을 비껴갔다. 휴스턴에는 아무 일도 일어나지 않았다. 헛고생이 맞았다. 그렇더라도 댈러스까지의 긴 여행이 단순한 고생은 아니었다. 새롭고 아름다운 풍경을 봤고, 아이들과 특별한 시간을 보냈으며, 자연과 인간의 힘에 대해 깊이 성찰할 기회가 됐다. 나는 노트에 이렇게 메모했다.

"자연의 거대한 힘 속에서 비록 인간은 무력하지만, 우리는 그 속에서 의미를 찾아낼 수 있다. 그 의미가 다름 아닌 인간의 존엄성이다."

자연의 힘 앞에서 연약하디 연약한 인간일 뿐이나, 피난길의 고생마저도 여행이라 생각하고 그 경험을 교훈으로 받아들이는 것도 인간만이 할 수 있는 일이다. 우리는 매 순간 선택의 갈림길에 선다. 가만히 있고 아무것도 하지 않으면 배움도 성장도 기대할 수 없다. 선택한 길이 결과적으로 옳지 않더라도 그 과정에서만큼은 배우고 깨달을 수 있으며, 자신에게 더 적합한 길을 발견할 수 있다. 더불어 그 길에서 얻은 경험과 지혜는 새로운 길을 걸을 때 소중한 자산이 된다.

이런 선택은 인간관계에서도 마찬가지다. 만남의 두려움 때문에 관계를 시작하지 않는다면, 그 사람의 진가를 알 기회조차 얻지 못한다. 사과를 먹어봐야 그 맛을 알게 되고, 내가 좋아할 만한 과일인지 알 수 있듯이, 사람도 만나봐야 비로소 진짜 모습을 이해할 수 있다. 때로는 신맛과 쓴맛을 경험하기도 하지만, 그 모든 경험마저도 삶의 일부이며 선물이다. 최선을 다한 선택은 우리에게 세 가지 선물을 준다.

첫째, 선택한 길이 자신에게 맞는지 아닌지 알게 해준다.

둘째, 그 과정을 통해 삶을 살아가는 지혜를 얻게 해준다.

셋째, 어려운 일도 해낼 수 있다는 자신감을 심어준다.

이 세 가지를 얻을 수 있다면, 선택을 통해 치른 대가는 충분히 가치 있다. 누구에게나 삶 속에서 다양한 선택의 기회가 주어진 다. 내게도 많은 선택의 순간들이 있었고, 잘못된 선택도 있었지 만, 나는 과거로 돌아가서 그때의 선택을 바꾸고 싶거나 내가 걸 어온 길을 후회하지 않는다. 로버트 프로스트(Robert Frost)의 시 〈가지 않은 길(The Road not Taken)〉은 선택의 갈림길에서 느끼는 인간의 복잡한 감정을 세심하게 표현하고 있다.

단풍 든 숲속에 두 갈래 길이 있었습니다
몸이 하나니 두 길을 가지 못하는 것을
안타까워하며 한참을 서서
낮은 수풀로 꺾여 내려가는 한쪽 길을
멀리 끝까지 바라다보았습니다

그리고 똑같이 아름다운 다른 길을 택했습니다
아마도 더 걸어야 할 길이라 생각했지요
풀이 무성하고 발길을 부르는 듯했으니까요
그 길도 걷다 보면 지나간 자취가
두 길을 거의 같도록 하겠지만요

그날 아침 두 길은 똑같이 놓여 있었고

낙엽 위로 아무런 발자국도 없었습니다

아, 나는 훗날을 한 길은 남겨두었습니다

길이란 이어져 계속 가야 한다는 걸 알기에

다시 돌아올 수 없을 거라 여기면서요

오랜 세월이 지난 후 어디에선가

나는 한숨 지으며 이야기할 것입니다

숲속에 두 갈래 길이 있었고, 나는

사람들이 적게 간 길을 택했노라고

그리고 그것으로 모든 것이 달라졌노라고

'가지 않은 길'을 걷지 못한 아쉬움과 그 선택이 삶을 바꿔놓았다는 시인의 마음에, 아마 여러분도 공감하면서 자신이 선택하지 않은 길에 대해 한 번쯤 생각해봤을 것이다. 그러나 나는 방금 말했듯이 과거로 돌아가고 싶다거나 선택의 순간을 후회하지 않는다. 늘 옳은 선택을 했고 지금의 삶에 만족해서가 아니다. 어떤 선택이든 결국 과거의 선택이 현재의 나를 만들었고, 현재의 내가 아닌 모습이라면 낯설고 받아들이기 어렵기 때문이다. 나아가

삶이 의미를 잃기 전에

과거의 실수와 미흡함에도 현재 최선을 다하며 앞으로 더 나아가기를 바라기 때문이다. 그리고 무엇보다 가장 큰 이유는 내가 선택하지 않은 길을 누군가 대신 걸어가고 있으리라는 믿음 때문이다. 내가 선택하지 않은 그 길을 누군가는 최선을 다해 걷고 있을 것이며, 그 또한 나와 같은 믿음으로 자신의 길을 신뢰하고 있을 것이다.

때로는 일상 속 낯선 사람들에게서 그런 신뢰를 느끼기도 한다. 희미한 불빛처럼 드러나는 그들의 존재는 내가 선택하지 않은 길이 여전히 살아있음을 상기해준다. 그래서 과거의 선택을 후회하지 않고, 미래의 비슷한 상황에서도 역시 똑같은 선택을 하리라 생각한다. 나는 죽음의 순간에도 삶에 미련을 두거나 후회하지 않기를 소망한다. 죽음 또한 삶의 자연스러운 과정이며, 삶을 소유하려는 집착을 내려놓는 게 최선이라고 믿는다. 태어나지 않은 것보다 세상에 존재했다는 것에 감사하듯, 떠나는 날도 마찬가지로 감사할 것이다.

우리는 불완전하기에 도전한다. 그 도전은 실패와 좌절 속에서도 빛나며, 인간의 아름다움을 증명한다. 완전한 신이 될 수 없음을 알면서도 끊임없이 노력하는 우리 인간의 삶은 희망 그 자체다. 우리는 다음 세대에게 그 희망을 넘겨주기 위해 살아가고, 도전하고, 선택한다.

│ 불확실한 세상을 헤쳐 나가는 일 │

우리는 매일 불확실성 속에서 선택의 갈림길에 선다. 일상적인 상황에서조차도 불확실성은 존재한다. 운전할 때 어떤 길로 가야 막히지 않을지 고민하는 것에서부터, 허리케인 같은 거대한 자연의 힘 앞에서 생존하기 위한 결정을 내리는 것까지, 우리는 정보 부족, 예측 오류, 돌발 변수 등으로 선택에 어려움을 겪는다. 내비게이션이 발달해 얼마든지 실시간 교통정보를 받을 수 있지만, 희한하게 그쪽으로 방향을 틀면 막힐 때가 있다. 정보가 틀렸다기보다는 똑같은 정보를 얻은 다른 운전자들도 그 길을 선택했기 때문이다.

앞서 휴스턴의 혼란 사태는 허리케인 리타가 휴스턴을 강타한다는 일기 예보 때문이었다. 뉴스가 시민들의 심리적 공황을 불러일으켰다. 게다가 3주 전 뉴올리언스에 크나큰 피해를 준 카트리나가 불안을 증폭했다. 사실 허리케인 경로는 수시로 바뀔 수 있으며, 기상 정보가 정확하지 않은 경우도 비일비재하다. 여러

　　　　　　　　　　　　　삶이 의미를 잃기 전에

분이라면 어떻게 했을까? 휴스턴에 남았을까, 나처럼 다른 곳으로 피신했을까? 피신했다면 어느 지역으로 갔을까?

　교통이나 기상 정보뿐 아니라 경제 및 주가 전망도 마찬가지다. 예상에서 벗어나는 상황이 얼마든지 벌어질 수 있다. 아무리 정보와 기술이 발달했어도 불확실성이 여전히 지배하고 있는 시대다. 언제 '검은 백조(Black Swan)'가 나타날지 모른다. 백조는 당연히 희다는 생각으로 살았고, 실제로 백조는 늘 흰색이었는데 언제부턴가 검은 백조 같은 돌발 변수가 자주 등장하곤 한다. 예측 불가능한 사건의 충격과 그것이 미치는 광범위한 영향에 익숙해질 수밖에 없다. 교통 상황, 기상 예보, 주가 전망, 경제 예측 등 우리의 대부분 일상은 여전히 불확실하다. 이는 광범위한 정보를 수집하고 분석하더라도 모든 변수를 통제할 수는 없다는 뜻이다. 따라서 우리는 불확실성에 효과적으로 대처하기 위해 세 가지 시나리오를 준비해 움직여야 한다.

　첫째는 '최상의' 시나리오다. 가장 낙관적인 결과를 상정하고 준비한다.

　둘째는 '최악의' 시나리오다. 말 그대로 최악의 상황을 가정하고 대응책을 마련한다.

　셋째는 '가능한' 시나리오다. 현실적이고 합리적인 대안을 중심으로 전략을 세운다.

코로나19 팬데믹 때 보건 당국의 대응처럼 모든 가능성을 열어둔 체계적 접근은 개인의 안전과 사회적 가치를 모두 고려한 합리적 의사결정을 이끌어낸다. 불확실성과 역경은 피할 수 없는 삶의 일부다. 하지만 이런 상황 속에서도 인간적 배려와 연대가 우리를 성장하게 해준다. 완벽한 예측이나 결정은 불가능할지라도, 서로를 이해하고 도움을 주는 과정에서 공동체는 더욱 단단해질 수 있다. 불확실성을 극복하는 힘은 우리가 내리는 선택의 결과보다 선택을 통해 얻는 교훈과 그 과정에서 발현되는 인간성에서 나온다. 피할 수 없는 불확실성 속에서도 우리가 해야 할 일은 서로를 배려하고, 실수를 용납하며, 함께 성장하는 기회를 만들어 가는 것이다. 나아가 세상이 불확실하다면 우리 스스로 주인이 돼 삶을 개척해야 한다. 내가 길을 만들고 주인처럼 살아야 한다. 《논어(論語)》'옹야(雍也)'에서 공자(孔子)는 이렇게 말했다.

"아는 사람은 좋아하는 사람만 못하고, 좋아하는 사람은 즐기는 사람만 못하다."

안다는 것은 그런 진리가 있음을 그저 알 뿐이다. 좋아한다는 것은 진리를 얻긴 했으나 완전히 얻지는 못한 상태다. 즐긴다는 것은 진리를 완전히 얻어서 그야말로 만끽하는 경지다. 나도 함께 일하는 연구원들에게 자주 이렇게 말하곤 한다.

"이왕 해야 할 일이라면 주인의식을 갖고 해보세요. 월급도 주고 사업비도 제공하면서 일해보자고 하는데, 마치 내 일처럼 해본다면 많은 것을 배울 수 있지 않겠어요?"

"조직은 늘 역동적입니다. 정지된 상태로 있지 않아요."

"부품처럼 일하지 마세요. 시키는 대로만 하면 기계 부품일 뿐입니다."

주어진 일을 자기 것으로 소화하는 사람은 어떤 상황에서도 성장의 기회로 삼을 수 있지만, 소극적으로 남이 시키는 일만 하는 사람은 그 일을 압도할 수 없고 자기 삶의 진정한 주인도 될 수 없다. 위에서 살핀 달란트 비유도 같은 맥락이다. 달란트를 아무 생각 없이 써버린 사람과 그냥 묻어둔 사람도 있지만, 열 배로 키운 사람도 있다. 같은 일이라도 어떤 태도로 임하느냐에 따라 결과가 달라진다.

책을 읽을 때도 그렇다. 글자를 읽는 것과 글을 이해하는 것은 엄연히 다르다. 단순히 글자만 읽고 다 읽었다고 하는 사람도 있고, 글의 내용을 이해하는 사람도 있으며, 저자의 의도까지 헤아리는 사람도 있다. 때로는 저자가 생각지도 못한 새로운 의미를 찾아내는 사람도 있다. 일도 똑같다. 시키는 한에서만 과제를 해결하는 사람이 있고, 그 일 자체의 의미를 이해하고 창의적으로 접근하는 사람이 있다. 당연히 평가도 달라진다. 여러분이라면 어느 쪽을 선호하겠는가? 심지어 나는 연구원들에게 이렇게 묻기도 한다.

"연구가 꿈에 나타난 적이 있습니까?"

진행하고 있는 연구에 관해 항상 진지하게 고민하고 주인의식을 가졌다면 꿈에서도 나타난다. 바둑을 즐기는 사람은 길을 걷다 마주치는 사람들이 바둑알로 보이고, 축구를 즐기는 사람은 지나가는 사람들이 수비수로 보이기도 한다. 이런 몰입은 일을 잘 해내는 것을 넘어 자신을 성장시키는 원동력이 된다. 스스로 주인으로서 일한다면 그 사람은 훗날 리더로 성장했을 때 더욱 발전된 모습으로 그 역할을 해낼 것이다.

아무래도 내가 연구를 하는 사람이라 연구 이야기를 하게 되는데, 다른 분야도 마찬가지겠지만 의학 연구는 단순한 일이 아닌 몰입과 열정과 끊임없는 고뇌를 요구하는 과정이다. 지금까지 내가 경험한 연구의 세계는 단순히 데이터를 분석하고 결과를 논문으로 정리하는 과정이 아니고 호기심과 성실함 그리고 열정을 바탕으로 환자를 위한 해결책을 찾는 여정이다. 이 같은 과정에서 연구원들이 참된 연구자로 거듭나는 모습을 지켜보는 일은 내게

삶이 의미를 잃기 전에

큰 보람이자 기쁨이다. 연구는 질문에서 시작된다.

"지금까지 우리가 알고 있는 사실은 무엇인가?"

"우리가 풀어야 할 문제는 무엇인가?"

이 질문에 답하고자 연구자는 기존 연구를 검토한 뒤 새로운 연구 방법을 설계해 자료를 수집하고 해석한다. 이 과정에서 연구자는 끊임없이 고민하고 스스로에게 의미 있는 목표를 부여하면서 계속 '나는 왜 이 연구를 하는가?'라는 근본적인 질문과 씨름한다. 연구는 단순한 업무가 아니라 몰입과 열정이 필요한 작업이다. 연구자들을 보면 크게 두 가지 부류로 나뉜다.

첫 번째 부류는 '몰입형' 연구자다. 연구를 온전히 자기 일로 여기면서 문제에 깊이 몰두한다. 항상 연구 내용을 고민하고 새로운 아이디어를 떠올려 공유한다. 연구 과정에서 발견의 기쁨을 느끼고 환자를 위한 해결책을 찾는 데 열정적이다.

두 번째 부류는 '수동형' 연구자다. 지시받은 업무만 수행하며 해당 문제를 발전시키거나 새로운 질문을 찾는 데 소극적이다. 연구를 남의 일로 생각하고 그저 할당된 노동으로 여긴다.

나는 연구원들이 지시 사항을 수행하는 사람이 아닌 환자를 위해 함께 연구하는 동료가 되기를 기대한다. 연구란 단순히 논문 한 편 더 쓰는 일이 아니라 인류의 삶에 변화를 이끌 결과를 만들어내기 위한 것이다. 몰입형 연구자는 잘 때도 꿈을 다섯 단계로 꾼다. 뒤로 갈수록 연구 주제와 하나 되는 경험을 하게 된다.

첫 번째 단계에서는 '연구 지도자'가 꿈에 나타난다. 일단 연구에 몰입하기 시작해 스트레스를 받고 있다는 것인데, 우리 연구팀에서 스트레스의 주된 원인은 나이기 때문에 내가 나오는 꿈을 꾼다.

두 번째 단계에서는 '연구 주제'가 꿈에 나온다. 해결하려는 문제에 관해 계속 고민하고 있다는 증거다.

세 번째 단계에서는 '환자'가 꿈에 등장한다. 연구는 곧 환자를 위한 것이기에 그만큼 환자 생각을 많이 했다는 방증이다.

네 번째 단계에서는 '연구자 자신'이 '환자'가 되는 꿈을 꾼다. 환자로서 문제를 직접 경험하는 단계다. 문제에 대한 공감과 이해가 깊은 상태다.

마지막 다섯 번째 단계에서는 '해답을 찾아낸 연구자 자신'에게 놀라거나 감동해서 환호하다가 꿈에서 깬다. 문제의 해답이 꿈속에서마저 명확히 떠오르는 순간이다.

그러나 꿈에서 깬 뒤 기억이 나지 않으면 답답해 괴롭다. 다행히 기억의 실타래를 미친 듯이 붙잡으려다 놓치기를 몇 번 거듭하다 보면 선명하게 기억이 나기도 한다. 이런 순간이 꿈 말고 깨어 있을 때 불현듯 찾아오기도 한다. 그때는 바로 그것이 해답이 된다. 연구자만의 간절함이 가져다주는 선물이다.

"연구가 꿈에 나타난 적이 있습니까?"라고 묻는 이유다. 물론 연구는 혼자 하는 일이 아니다. 팀워크의 산물이다. 몰입형 연구자는 동료 연구자들과 소통도 잘하며 적극적으로 아이디어를 공유한다. 이 질문은 연구원들의 몰입도를 측정하는 나만의 방식임과 동시에 연구자들에게 문제의 본질과 목적을 상기시키는 역할을 한다. 아울러 환자나 가족 입장이 돼보라고, 환자들이 어떤 고통을 겪고 무엇을 바라는지 생각하라고, 문제를 올바르게 해결하려면 그들의 관점에서 접근해야 한다고 요구한다. 설문지를 만드는 단순한 작업조차도 환자의 필요와 현실을 깊이 이해하면서 접근해야 의미 있는 결과치를 얻을 수 있다. 연구에 몰입하고, 환자에 대한 애정을 품으며, 자신의 연구를 자기 삶과 동일시하는 연구원은 마침내 참된 연구자로 거듭난다. 그 순간을 맞이하면 나는 진심으로 축하 인사를 보낸다.

"진정한 연구자가 된 것을 진심으로 축하합니다!"

이 말을 들은 연구원의 눈에 고이는 눈물은 단순한 감동의 표출이 아닌 자신의 노력과 몰입이 인정받았다는 의미이며, 연구의 본질적인 의미를 깨달았다는 표시다. 지나칠 정도로 혹사하는 것

아니냐고 비판할지도 모르겠다. 실제로도 그런 말을 종종 들었다. 그렇지만 원래 연구란 이래야 한다. 단순한 지식의 축적이 아니라 인류의 삶을 더 나아지게 하고자 끊임없이 노력하는 숭고한 행위다. 연구자는 훈련을 통해 성장하고, 파트너로서 협력하며, 자신의 연구가 가져올 변화를 위해 몰입해야 한다.

여러분은 내 연구원들이 아닐뿐더러 여러분도 그럴 생각이 없겠지만, 나는 여러분에게도 이런 원칙을 따라야 한다고 요구하고 싶다. 비단 연구뿐 아니라, 여러분의 일뿐 아니라, 삶에도 그대로 적용되기 때문이다. 원하지 않는 삶을 노예처럼 소극적으로 살아갈 것인가, 주인의식을 갖고 적극적으로 개척할 것인가? 상황을 바꿀 수 없다면 태도를 바꿔 상황 자체를 오롯이 내 것으로 만들어야 한다. 삶을 긍정하고 배우려는 자세를 가지면 세상은 완전히 다른 모습으로 다가온다. 고생은 형벌이 아니다. 힘들지 않은 일이란 세상에 존재하지 않는다. 내가 어떤 일을 열심히 추진하다가 벽에 부딪혀 괴로워하고 있노라면 누군가 이렇게 말하곤 했다.

"고생하는 것 잘 알지."

나는 그 말이 전혀 위로가 되지 않았다. 내가 열정을 다해 일하는 까닭은 다른 사람이 내 고생을 알아주길 바라거나 어떤 성취가 내 덕에 이뤄졌다고 칭찬받고 싶어서가 아니기 때문이었다. 내게는 내가 판단할 때 지금 하는 일이 의미와 가치가 있는지만 중요하다. 나는 늘 그렇게 살았다. 앞으로도 그렇게 살 것이다. 세상의 인정보다 나 스스로 의미를 찾을 수만 있으면 된다. 내가 하는 일이 세상에 드러나지 않거나, 다른 사람의 인정을 받지 못하더라도 후회하지 않는다. 옳다고 믿는 일을 지치지 않고 실행할 뿐이다. 걸림돌을 극복하면서 진리를 향해 나아가는 과정 자체가 중요하다.

남의 삶이 아닌 내 삶이다. 그리고 여러분의 삶이다. 삶의 가치 또한 우리 자신이 만든다. 세상의 인정이나 칭찬에 의존하지 않고 자신이 믿는 바대로 묵묵히 걸어가는 과정이 우리 삶의 의미를 만들어가는 것이다.

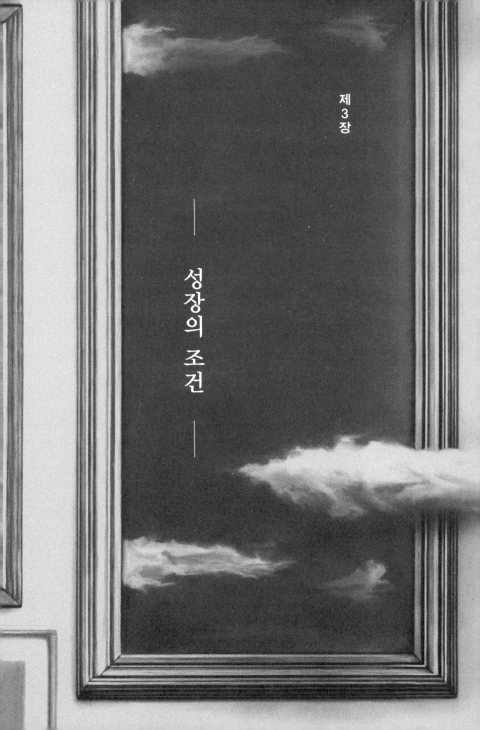

제3장

—

성장의 조건

—

| 선택과 후회 그리고 성장 |

인생을 살다 보면 후회, 갈등, 걱정이 떼려야 뗄 수 없는 동반자처럼 따라온다. 하지만 이런 부정적 감정들이 꼭 나쁘지만은 않다. 때로는 우리의 삶을 성찰하게 하고 더 나은 방향으로 나아가게 해준다. 나는 가끔 힘에 부치면 전인권의 〈걱정 말아요 그대〉를 듣는다. 마음을 다독여 이런 삶의 무게를 잠시나마 내려놓게 해준다.

그대여 아무 걱정하지 말아요
우리 함께 노래합시다
그대 아픈 기억들 모두 그대여
그대 가슴에 깊이 묻어버리고

지나간 것은 지나간 대로
그런 의미가 있죠
떠난 이에게 노래하세요
후회 없이 사랑했노라 말해요

인생 컨설턴트 어니 젤린스키(Ernie Zelinski)는《느리게 사는 즐거움(Don't Hurry, Be Happy!)》에서 우리가 하는 걱정 대부분이 쓸데없다는 사실을 통계로 보여줬다. 그에 따르면 걱정거리의 40%는 현실에서 절대로 일어나지 않을 일에 대한 걱정이고, 30%는 이미 지나간 과거에 대한 후회, 22%는 사소한 고민, 4%는 우리가 아무리 애써도 어쩔 도리가 없는 사건이며, 단 4%만이 우리가 걱정해 대비하면 바꿔놓을 수 있는 일이다.

확실히 맞는 말 같다. 불필요한 걱정으로 소중한 에너지를 낭비하지 말아야겠다는 생각이 든다. 걱정스러운 일들이 있었기에 현재의 내가 있는 것이다. 그리고 아직 일어나지 않은 일을 걱정해봐야 불안하기만 할 뿐 달라질 것도 없다. 과거에 내가 부족해서 벌어진 일 때문에 후회가 된다면 앞으로 잘하면 그만이다. 고통과 실수도 현재와 미래의 의미 있는 삶을 만드는 밑거름이 될 수 있다.

어떤 선택을 할 것인가? 누구에게나 찾아오는 질문이다. 선택의 순간에는 항상 후회와 걱정이 뒤따를 수 있다. 그러나 선택 자체가 삶의 의미를 부여하는 과정이다. 《월든(Walden)》에서 헨리 데이비드 소로(Henry David Thoreau)도 이렇게 말했다.

"고뇌 속에서만 인생의 의미가 보이는 법이다."

삶의 고뇌는 단순히 괴로운 감정에 머무르지 않고 정신적 성장을 이루는 통로가 된다. 육체적 단련 없이 강인한 체력을 가질 수 없듯이, 고뇌와 선택은 우리의 영혼과 정신을 단련시키는 기회다. 훌륭한 피아니스트가 되기 위해서는 피땀 어린 연습이 필요하다. 훌륭한 투수가 되기 위해서도 끊임없는 훈련이 필수다. 큰 질병을 치유하기 위해서는 수술의 고통을 감내해야 한다.

이처럼 삶에서 마주하는 고통과 갈등은 더 큰 성장을 위한 필연적인 과정이다. 주어진 상황을 운명으로 받아들이고 성장을 위한 기회로 삼는다면 그 과정에서 내면의 질서를 깨달아 진정한 평화를 얻을 수 있다. 밤의 어둠이 있어야 별이 보이듯이 어려움 속에서 얻는 깨달음은 우리를 강인하게 만든다. 그러나 별은 하늘이 어둡든 밝든 그 자리에 존재한다. 이 사실을 믿고 언젠가 고통이나 어려움 없이도 진리를 깨달을 날이 올 것이다. 그날을 기다리면서 현재의 평범한 순간 속에서도 삶의 아름다움을 찾고자 노력해야 한다. 걱정과 후회는 피할 수 없지만, 마냥 휘둘리지만 말고 자기 삶의 일부로 받아들여 그로부터도 인생의 의미를 성찰하는 기회로 삼자.

그런데 살다 보면 우리가 어찌해볼 도리가 없는 상황을 매일 마주하게 되기도 한다. 이를테면 집에서 학교나 직장을 오가는 일이 그렇다. 집을 옮기거나 학교 및 직장을 옮기는 극단적 선택도 가능하긴 하지만, 말처럼 쉬운 일이 아니다. 그럴 때는 생각을 전환해 스스로 합리화하는 것도 좋은 방법이 될 수 있다. 나 같은 경우에는 11년 동안 주중 5일을 3시간 동안 지하철을 타고 출퇴근했었다. 내가 이용한 지하철은 오렌지색 라인이었고, 갈아탈 필요 없이 한 번만 타면 되는 노선이었다. 다만 거의 끝에서 끝이라 시간이 오래 걸렸다. 그래도 갈아타지 않는 것을 다행으로 여겼다. 하도 오렌지색을 매일 접하다 보니 지금도 나는 오렌지색을 제일 좋아한다. 예전에는 초록색을 좋아했는데 바뀌었다. 오랜 시간 오렌지색 지하철과 함께한 덕분인지 이 색이 익숙하고 편안하게 느껴졌다.

하지만 지하철역에 내려도 직장까지 가는 길이 걸어가기에는 너무 멀었다. 출근길에는 늦지 않으려고 택시로 갈아탔고, 퇴근길에는 피곤해서 또 택시를 타고 지하철역으로 갔다. 그때 주변에서 "어떻게 매일 그러고 다니느냐"고 많이도 물었었다. 집에서 가까운 직장으로 이직하거나, 아예 직장 근처로 이사하면 간단히 해결될 문제이긴 했다. 집과 가까운 곳에서 스카우트 제의를 받기도 했다. 그렇지만 1주일을 고민한 끝에 지금 일하는 곳이 내가 하려는 일에 더 적합하다고 판단했다. 떠나지 않기로 한 결정에는 내게 멘토 역할을 해주시던 분의 조언도 영향이 컸다. 그 조언에 따라 그때 내린 선택이 지금까지도 옳았다고 믿는다. 나중에 알고 보니 그 자리는 나보다 한참 선배가 채웠단다. 내가 가겠다고 했더라도 기회가 무산됐을 수도 있다. 그렇게 생각하니 더 안심됐다. 당연히 가끔은 출근하기 싫을 때도 있었다. 그때마다 나는 내 선택의 명분을 떠올리면서 버텼다.

당시에 나는 매일 아침 여행을 떠난다고 생각했다. 안개 낀 시골길을 지나면서 아름다운 풍광을 감상했다. 눈이 많이 내려서 동틀 무렵 네온 빛으로 푸르게 물들어 있던 마을 풍경이 지금도 잊히지 않는다. 언제 다시 그런 장면을 볼 수 있을지 모른다는 생각에 매일 출근길이 기대됐다. 퇴근길에 한강을 지날 때 보던 붉은 석양은 서울 생활에서 느끼는 작은 행복이었다. 그 석양을 놓치기 싫어 고개가 아플 정도로 쳐다보곤 했다. 사시사철 바뀌는 풍경을 즐길 수 있는 지하철 여행은 마음의 여유만 있다면 충분히 누릴 만한 행복이었다.

그때 비하면 출퇴근길이 짧아졌지만, 지금도 나는 여전히 지하철 여행을 즐기고 있다. 가끔 어쩔 수 없는 일 때문에 승용차를 이용하기도 했는데, 운전에 집중하느라 피곤하고 교통 체증에 짜증이 나서 되레 지하철 생각이 간절해지곤 했다. 나는 지하철이 좋다. 부족한 수면을 보충할 수도 있고, 누구에게도 방해받지 않고 책을 읽거나 논문을 읽을 수도 있다. 떠오른 아이디어를 메모하거나 생각을 정리할 수도 있다. 아침 일찍 일어나 피곤이 풀리지 않을 때는 오히려 '얼른 지하철에 타서 한숨 자야지' 하며 발걸음을 재촉하기도 한다. 자리가 없으면 가는 내내 서 있느라 허리도 아프고 그 시간이 지겨워질 때도 있지만, 그래도 그 시간을 즐기면서 의미 있게 사용하려고 노력한다.

나는 오늘도 내일 있을 지하철 여행을 기대하며 잠자리에 든다. 긴 출퇴근길의 어려움 속에서도 사소한 즐거움과 생각의 전환으로 그 시간을 극복했다. 지하철 여행은 내 일상이고 그 안에서 나는 작은 행복과 의미를 발견한다. 내일은 또 어떤 풍경과 마주할지. 희망에 부풀어 하루하루를 마무리한다. 어쩔 수 없는 상황에 마주했을 때도 우리는 선택할 수 있다. 상황을 바꾸는 대신 그 안에서 더 나은 의미를 발견하는 것이다. 그렇기에 나는 모든 선택을 후회하지 않는다.

| 함께 날아오를 용기 |

내가 건강하고 성장해야만 다른 존재들도 긍정적으로 건강하게 성장하도록 도울 수 있다. 이는 단순히 개인의 문제가 아니라 공동체 전체의 건강과 성장과도 연결된다. 내가 건강해야 환자를 돌보는 일도 건강하고 효과적으로 해낼 수 있다.

인간은 원시 시대의 생활에 적응하도록 진화했지만, 현대 생활의 요구에 맞게 유전적으로 변화하지는 못했다. 변화하는 세상 속에서 생존하고 요구되는 소임을 수행하면서 삶을 온전히 살아가기 위해서는 훈련을 받아야 한다. 특히 인간으로서 인정받고 자아실현을 달성해 인간과 세상에 이바지하는 꿈을 이루려면 건강과 성장이 필수적이다.

인간은 조상으로부터 이어진 유전과 신체적·정신적 역량 그리고 가정, 교육, 사회, 제도 등 태어나고 자란 환경 속에서 형성된 습관과 성격에 따라 각기 다른 능력을 갖추고 있다. 모든 인간은 고유한 특성이 있고, 그 능력 또한 저마다 다르다. 인간이기에 부족한 부분도 있어서 모든 것을 완벽하게 해낼 수는 없다. 시대와 운에 따라 능력 발휘 정도가 달라질 수도 있다. 물론 노력으로 어느 정도 극복할 수 있지만, 개인적인 노력조차 유전적 특성, 신체

삶이 의미를 잃기 전에

조건, 환경 등에 의해 형성된 성격에서 비롯되는 경우가 많다.

우리가 살아가는 이 세상은 쉽지 않다. 하지만 우리가 만들어낸 것들로 자기 자신을 즐겁게 하고 서로를 위로하며 살아갈 수 있다. 혼자는 어려울지라도 함께라면 가능하다. 아무리 힘든 세상이라도 멋지게 살아보자. 세상이 너무나 빠르게 변해 인간의 진화가 따라잡지 못하는 듯 보이지만, 우리는 여전히 배우고 감당하고 판단하면서 결정해야 할 책임을 짊어진 존재들이다. 이 모든 것이 남의 탓도 내 탓도 아니다. 자연의 탓이고, 인류의 탓이며, 진화와 우주의 탓일 수도 있다. 심지어 신의 탓일지도 모른다. 그래도 우리는 서로를 이해하고 공감하며 위로해야 한다. 함께 판단하고 결정하고 책임을 나누면서 살아가야 한다. 개인을 넘어 공동체로서 성장하는 꿈을 가져야 한다.

인생이라는 긴 여정에서 위기가 찾아왔을 때 서로에게 희망이 될 든든한 등대가 되자. 거친 비바람 속 바다에서 한 줄기 빛을 비추는 등대처럼, 우리도 서로에게 그런 존재가 돼야 한다. 우리는 경쟁 상대가 아니다. 이기고 지는 승부를 겨루는 관계가 아니라, 우리가 속한 공동체를 위해 각자의 역할을 하며 살아가야 할 협력자다. 함께 인생의 위기를 극복하고 나아갈 동료로, 공동체의 운명을 함께 짊어진 존재로, 서로를 지지하며 살아가자. 그것이 우리가 이 세상에서 함께하는 이유다.

삶이 어려운 까닭은 인간에게 다양한 역할이 요구되는 동시에 자신의 욕구를 충족시키기 위해 유전적으로 주어진 능력을 넘어서는 더 큰 역량이 필요하기 때문이다. 인간의 잠재력은 개인마다 다르다. 유전적 특성과 환경적 요인에 따라 출발점은 다를 수 있지만, 삶 속에서 역량을 어떻게 개발하고 어떤 역할을 하면서 살아가는지에 따라 성격과 운명이 결정된다.

현대인의 건강은 유전적 요인이 약 5%, 의료가 10%, 습관이 30%, 사회 환경이 55% 정도의 영향을 미친다. 앞서 살폈듯이 새뮤얼 스마일스는 인간의 성격과 운명은 생각, 행동, 습관에 의해 결정된다고 봤다. 우리는 동물적인 존재로 시작해 사회적 인간으로 성장하며, 합리적 이성을 갖추고 명상과 기도 그리고 나눔의 습관을 통해 인간다운 삶을 만들어간다. 이처럼 인간의 삶은 건강과 마찬가지로 습관과 성격에 의해 큰 영향을 받는다.

공동체적 관점에서 인간은 우주의 일부로서 세상을 창조한 신의 동반자이기에 맡겨진 소임을 다하기 위해 노력해야 한다. 자기 자신을 초월해 영적 존재로 살아가기 위한 여정 역시 건강과 성장을 필요로 한다. 인생은 때로 우리에게 감당하기 벅찬 것들을 요구한다. 유전적 진화는 현실을 따라잡기엔 너무 느리고, 우리

삶이 의미를 잃기 전에

는 많은 것을 감당해야 하는 상황에 놓인다. 하지만 우리는 서로를 위로하며 동반자로서 함께 어려움을 이겨내고 성장해야 한다. 우리의 연대 의식은 후손들에게 더 나은 환경을 물려줄 힘이 될 것이다. 고귀하고 소중한 삶의 기억을 함께 나눌 수 있는 사람들이 있기에 우리는 다시 일어서고 앞으로 나아갈 용기를 얻는다.

　그렇다면 우리의 인식과 판단은 어떨까? 이는 건강과 성장을 이루는 데 있어 매우 중요한 요소지만, 인간의 인식과 판단은 본질적으로 완벽할 수 없다. 인간의 인식과 판단은 항상 옳을 수 없다. 우리가 얻을 수 있는 정보는 제한적일 뿐만 아니라 왜곡될 가능성이 있고, 자기 경험과 지식이라는 틀에 갇혀 있으며, 감정의 영향을 받기 때문이다.

　한 가지 예를 들어보자. 2015년의 일인데, 스코틀랜드의 케이틀린 맥네일(Caitlin McNeil)이라는 가수가 소셜 미디어에 옷(드레스) 사진을 올리자 인터넷상에서 논란이 일었다. '파란색 바탕에 검은 줄무늬(파검)'로 보인다는 주장과 '흰색 바탕에 금색 줄무늬(흰금)'로 보인다는 주장이 충돌했다. 똑같은 사진을 두고 사람마다 색을 인식하는 데 극명한 차이가 있다는 사실 때문에 큰 화제가 됐다. 어느 쪽이 옳은 걸까? 사실 양쪽 다 맞다.

　색깔은 적색, 녹색, 청색에 반응하는 우리 눈의 원추세포가 어떤 빛에 더 많이 활성화하느냐에 따라 다르게 인식된다. 색맹이 아니더라도 사람마다 원추세포 활성화 정도가 달라서 모두가 똑같이 객관적으로 색을 인식하지는 않는다. 각자의 경험에 따라 뇌에서 색을 보정한 결과가 다르기 때문이다. 사진의 색을 '파검'으로 본 사람은 '밝은 빛을 비춘 파란색 바탕에 검은 줄무늬 드레스'라고 뇌에서 색을 보정한 것이고, '흰금'으로 본 사람은 '역광으로 그늘이 진 흰색 바탕에 금색 줄무늬 드레스'라고 보정한 셈이다. 결국 어느 쪽 판단이 옳거나 그른지 따질 수 없는 문제였다. 단순히 색을 보는 문제에서도 이렇게 다를 수 있다면, 더 많고 복잡한 정보를 토대로 해야 하는 판단에서는 더욱 그럴 것이다.

조선 시대 황희(黃喜) 정승의 일화 가운데 그가 각기 다른 주장을 펼친 하인들에게 "너도 옳고, 네 말도 옳다"고 한 것은 그들 각자의 관점에 거짓이 없음을 헤아렸기 때문이다. 우리의 믿음직한 이성조차 때로는 오류를 범할 수 있음을 이해해야 타인의 생각을 이해하고 문제를 해결해 모두에게 이익이 되는 '윈-윈(win-win)' 방안을 찾을 수 있을 것이다.

성장 잠재력을 바라보는 시각도 틀에 갇혀서는 안 된다. 《날고 싶지 않은 독수리》라는 제목의 우화가 있다. 《꽃들에게 희망을》이나 《갈매기의 꿈》, 생텍쥐페리(Antoine de Saint-Exupéry)의 《어린 왕자(Le Petit Prince)》나 안데르센(Hans Christian Andersen)의 《미운 오리 새끼(The Ugly Duckling)》처럼 널리 알려진 작품은 아니지만, 우연히 알게 돼서 아이들이 어릴 적에 읽어준 기억이 난다. 한 번쯤 읽어보거나 아이들과 함께 나눌 만한 가치가 있는 책이다. 이 우화는 서아프리카 가나 출신의 제임스 애그레이(James Aggrey)가 썼다. 가나가 백인의 지배를 받던 시절 잃어버린 자아와 국가의 참모습을 되찾고자 하는 마음에서 이 이야기가 탄생했다. 이 책을 통해 일제 강점기를 살아냈던 독립운동가들이 조국에 대해 어떤 기대를 품었을지도 상상할 수 있다. 국가 차원뿐 아니라 우리가 속한 조직이 잠재력을 발휘하고 이를 통해 미래 세대가 더 큰 희망을 품도록 돕는 메시지도 담겨 있다.

책의 주요 내용은 이렇다. 험상궂게 생긴 사내가 숲속에서 새끼 독수리를 잡아다가 암탉, 수탉, 오리가 있는 우리에 넣고 닭 모이를 주면서 닭처럼 살도록 길들였다. 세월이 흘러 독수리는 날개가 3미터나 되는 커다란 새로 성장했지만, 독수리가 아닌 닭처럼 살았다. 5년이 지난 어느 날 그곳을 지나던 어떤 동물학자가 독수리를 보고는 놀라며 말했다.

"아니야, 그래도 독수리는 독수리지. 여전히 독수리의 마음을 갖고 있을 테니까. 언젠가는 날개를 활짝 펴고 하늘 높이 날아오를 거야.”

하지만 사내는 결코 그럴 수 없을 거라며 이렇게 답했다.

“천만에, 만만에! 이제는 진짜 닭이 됐으니 절대로 날지 않을 걸세.”

동물학자는 독수리를 날게 하려고 갖은 애를 쓰다가 마지막으로 높은 산에 데리고 갔다. 막 해가 떠오르는 아침, 찬란한 황금빛으로 빛나는 산꼭대기 풍경을 독수리에게 보여줬다.

“너는 독수리다. 네가 있을 곳은 저 높은 하늘이지, 이 낮은 땅이 아니야. 날개를 활짝 펴고 하늘 높이 날아보렴!”

그러자 드디어 독수리는 새로운 삶의 기운에 휩싸인 듯 날카로운 울음소리를 내며 하늘로 솟구쳐 날아올랐다.

우리 주변에도 이런 사내처럼 틀에 가두려는 사람과 동물학자처럼 가능성을 일깨우는 사람이 있다. 이 책에서도 잠재력을 깨우는 스승과 멘토의 역할을 강조한다. 내게도 멘토들이 여럿 있었다. 내가 길을 잃었을 때 좋은 조언을 해주고, 목표를 다시 세우도록 도와주며, 두려움을 극복하고 새로운 가능성을 바라볼 용기를 심어줬다. 우리 모두에게는 저마다 미운 오리, 날고 싶지 않은 독수리, 갈매기 조너선 그리고 어린 왕자의 모습이 있다.

갈매기 조너선의 아버지가 했던 말처럼 우리는 때로 “네가 나는 이유는 먹기 위해서라는 걸 잊지 말라"는 현실적 한계에 갇히기도 한다. 하지만 그 한계에 갇힌 우리는 자극적인 오락, 술, 음식 등에 몰입하며 권태를 잊으려고만 한다. 그러나 진정한 삶의 의미는 그런 권태에서 벗어나 자신만의 길을 찾는 데 있다. 갈매기 조너선처럼 높이 날아 멀리 보고 참된 자아로 거듭나는 자유를 향해 나아가자. 미운 오리가 백조로 각성해 날아오르고, 독수리가 창공을 가르며, 꽃들에게 사랑을 전한 나비처럼, 우리도 각자의 잠재력을 찾아 일깨워야 할 것이다. 어린 왕자가 여우로부터 보이지 않는 것들의 소중함과 길들임의 의미를 배웠듯 우리 안에도 무한한 가능성이 숨어 있다.

잠재력을 깨우기 위해서는 변화와 길들임을 두려워하지 말아야 한다. 소유와 집착을 넘어 존재의 참된 가치를 찾는 사랑과 이웃과의 관계에서 가치를 발견하는 게 중요하다. 나도 어떤 길이 내 길인지 고민하면서 책을 읽고 인생의 스승을 찾아 헤매던 나날이 떠오른다. 내 앞길을 밝혀줄 멘토에 대한 갈망은 지금도 여전히 간절하다.

| 작은 시간 큰 변화 |

한 번도 피아노를 배운 적이 없는 내가 피아니스트가 되고 싶다고 한다면, 과연 가능할까? 어떤 이는 가능하다고, 또 어떤 이는 불가능하다고 할 것이다. 하지만 잠재적 가능성은 있더라도 실질적으로 가능성이 없다고 보는 게 더 정확할 것이다.

그러나 정작 중요한 사실은 어떤 피아니스트가 되고 싶은지, 얼마나 간절히 되고 싶은지다. 만약 위대한 피아니스트까지는 아니고 그냥 혼자 집에서 그 선율을 즐길 수 있을 정도만 목표로 삼는다면 어느 정도의 노력만으로도 충분히 이룰 수 있을 것이다. 반면 진정으로 위대한 피아니스트가 되고 싶다면 엄청난 의지와 노력이 필요할 것이다. 손톱이 빠지고 물집이 잡히는 고통을 감내하면서 수많은 시간을 연습에 쏟아부어야만 겨우 가능성이 보일 것이다. 그뿐만 아니라 그 과정에서 좌절과 고통과 수모도 말로 다 표현할 수 없을 정도로 많이 겪게 될 것이다.

우리 주변에는 인생의 늦은 시점에서 새로운 전환점을 만들어내는 사람들이 있다. 그들은 자신의 가능성을 믿고 도전하며 고통을 삶의 변화를 위한 밑거름으로 삼는다. 가능성을 향해 나아가는 고통을 감내할 준비가 돼 있다면 도전할 수 있다. 현재의 어

삶이 의미를 잃기 전에

려움을 잘 이겨내겠다는 각오와 고통이 미래의 변화를 위한 디딤돌이라는 믿음이 있다면 말이다. 그러니 늘 마음속으로 외치자.

'그래, 할 수 있어! 잘할 거야! 파이팅!'

나아가 세상을 살다 보면 자존심이 상하는 일도 한두 번이 아니다. '왜 저 사람은 나를 이런 식으로 대우하는 걸까?', '내가 왜 이런 취급을 받아야 하지?', '그냥 다 그만두고 떠나버릴까?', '자존심 상해도 참아야 하나?', '가만히 있으면 사람들이 나를 바보로 보지 않을까?' 이런 질문들이 머릿속을 스쳐 지나갈 때가 많다.

다른 사람에 비하면 덜했을지 몰라도 나 역시 힘들고 어려운 시절을 겪었다. 하지만 인생은 참 묘해서 '새옹지마(塞翁之馬)'라는 사자성어처럼 위기를 지나고 나면 좋은 시절이 찾아오기도 하고 또다시 힘든 시간이 돌아오기도 한다. 뒤돌아보면 그 고난의 시기들은 분명 고통스러웠지만, 이를 견디고 와신상담하며 노력했던 그 시간이 부족하나마 지금의 나를 만들어줬다. 그래서 오히려 고맙게 여긴다.

그러고 보니 재수하던 때가 떠오른다. 고등학교 3학년 때 시험을 한 달 앞두고 코피가 멈추지 않아 병원 치료를 받았다. 그 후로 의욕을 잃고, '이렇게 약해서야 내가 원하는 목표를 이룰 수 있을까?' 싶어서 의과대학 진학의 꿈을 포기했다. 대신 학자의 길을 생각했다. 그 때문에 공부도 느슨해졌다.

결과는 빤했다. 함께 올라왔던 고등학교 친구들은 모두 합격했지만 나는 대학에 떨어졌다. 멍한 기분으로 학교 울타리 밖 개울을 지나 산기슭에 있는 한 식당에서 선짓국을 먹었는데, 어떤 맛인지도 느끼지 못하고 연신 숟가락질만 해댔다. 그날의 기억이 지금도 생생하다. 고향으로 돌아가는 버스 안에서 내내 눈물을 참지 못했고, 그 순간 바로 재수를 결심했다. 짐을 싸서 서울로 다시 올라왔다. 내 나약함으로 인해 잠시나마 잊고 있었던, 누님의 죽음을 계기로 의사가 되고자 했던 결심을 더 단단히 했다. 그렇게 마침내 원하던 의과대학에 입학했다.

돌이켜보면 재수하던 시절이 내 인생에서 매우 중요한 전환점으로 작용했다. 자존감이 바닥을 치던 시기였지만, 그때의 경험이 있었기에 지금의 내가 존재할 수 있었다. 당시에는 고통스러웠어도 지나고 나니 삶에 큰 힘이 됐다. 지금도 힘든 일에 부딪힐 때면 그때처럼 견뎌야 시간이 지나서 내게 큰 도움이 될 거라고 스스로 다독이면서 마음을 다잡곤 한다.

인간은 사회적 동물이기에 다른 사람의 시선을 자주 의식하며 살아간다. 주변 상황과 심리에 따라 쉽게 의사결정을 내리기도 한다. 그렇지만 결국 중요한 것은 남들이 나를 어떻게 생각하느냐가 아닌 내가 스스로를 어떻게 생각하느냐다. 남들이 나를 제대로 대우하지 않아 자존심이 상한다면, 그것은 어쩌면 내가 스스로 그런 대우를 받을 만큼 충분히 성장하지 않았기 때문인지도 모른다. 마음을 편히 먹고 자신의 능력을 더 키우겠다고 다짐하는 편이 훨씬 발전적이고 의미 있는 태도다. 공자는 《논어》 '이인 (里仁)'에서 이렇게 말했다.

"벼슬이 없는 것을 걱정하지 말고, 벼슬자리에 설 수 있는 실력을 갖추지 못한 것을 근심해야 하며, 남이 나를 알아주지 않는 것을 걱정하지 말고, 알아줄 수밖에 없도록 행동해야 한다."

중국 한나라 통일의 일등 공신 한신(韓信)도 자신을 알아본 유방 (劉邦)과 장량(張良)을 만나 비로소 꿈을 마음껏 펼칠 수 있었다. 나 또한 실력을 쌓아 언젠가 더 많은 이들이 알아줄 날이 오기를 기다리며 오늘도 묵묵히 나아가고자 한다.

시간 관리도 중요하다. 언젠가 함께 일하던 연구원과 은행 앞에서 만나기로 한 적이 있었다. 그런데 다른 중요한 일이 생겨 약속 시간보다 10분 정도 늦고 말았다. 나도 누구보다 사람 기다리는 것을 잘 참지 못하는 성격이라서 미안한 마음이 들어 가는 동안 무척 초조했다. 그 연구원은 자료 분석, 연구, 논문 작성 등 연구에 푹 빠져 작은 시간도 아깝게 여기는 사람이었기에 미안한 마음이 더 컸다.

　하지만 약속 장소에 도착하고서는 미안하다는 말 대신 엉뚱하게도 잔소리가 먼저 나가고 말았다. 기다리는 동안 왜 아무 생각 없이 시간을 헛되이 보냈냐고 오히려 그를 타박한 것이다. 책을 읽거나, 메모를 하거나, 음악을 듣거나, 신문을 보면서 기다리는 시간을 활용하지 않았냐고 쏘아붙였다. 늦은 놈이 되레 큰소리를 친 셈이었다. 내가 잘못했다는 생각보다 '시간 활용'에만 집착해다. 평소 나는 기다리는 시간조차 소중히 여기면서 늘 시간을 효율적으로 활용해야 한다는 강박이 있었다. 그 강박이 잘못을 덮어버렸다. 사실 그 강박이라는 것도 지나고 보니 무엇 때문에 그리도 시간에 쫓기며 살았는지 몰랐으면서, 그렇게 산다고 세상이 달라지지도 않았는데 말이다. 지금까지도 그저 그 연구원에게 미안한 마음만 남아 있다.

　서울에서 생활한다고는 하나 늘 멀리서 다니며 시간을 보냈다. 재수하던 시절에도 이른 아침마다 풍납동에서 서울역 뒤편 종로 학원까지 1시간 넘게 버스를 타고 내려 30분을 걸었다. 전공의 수련을 받을 때도, 군대 입대 후 결혼해서 서울에서 청주까지 매일 출퇴근하던 시절에도 마찬가지였다. 일산으로 출퇴근할 때는 앞서 이야기했듯 지하철을 주로 이용했는데, 하루 3시간을 길에서 보냈다.

그래도 그 시간을 그냥 흘려보내지는 않았다. 항상 나름의 계획을 세워 활용하려고 애썼다. 출퇴근 시간을 업무 일부처럼 여겼고, 가방에도 자료가 잔뜩 들어 있었다. 매일 여행을 떠난다는 기분으로 음악을 듣기도 했고, 책을 읽거나 필요한 메모를 하기도 했다. 때로는 피곤한 몸을 지하철에 맡기고 부족한 잠을 보충하면서 시간을 보내기도 했다.

삶은 매 순간의 연속선상에 있으며 그 순간들은 인생에서 단 한 번뿐인 기회가 됐다가 삽시간에 흘러간다. 나는 시간을 어떻게 관리할지 늘 고민하면서 어디를 가든 가방이나 호주머니에 자투리 시간을 활용할 준비물을 챙겨 다닌다. 자투리 시간을 잘 활용하면 하루를 더 얻는 것과 같다. 왜냐하면 하루 일과 중에서 온전히 집중할 수 있는 시간은 그 자투리 시간을 모두 합친 것보다 적을 때가 많기 때문이다.

살면서 가끔은 자신의 시간 습관을 들여다보자. 평소에 하지 못했던 일들을 자투리 시간에 할 수 있도록 준비하는 습관을 말이다. 그렇게 작은 시간을 모으면 하루를 바꾸고, 한 달을 바꾸고, 나아가 삶을 바꿀 수도 있을 것이다.

| 희망의 손길 |

겨울처럼 힘든 시기를 보낼 때, 꽃들과 나무들처럼 홀로 굳세게 버티기를 희망하면서 듣던 노래가 있었다. 윤도현의 담백한 목소리가 매력적인 〈가을 우체국 앞에서〉였다. 특히 후렴이 좋았다.

세상에 아름다운 것들이 얼마나 오래 남을까
한여름 소나기 쏟아져도 굳세게 버틴 꽃들과
지난 겨울 눈보라에도 우뚝 서 있는 나무들 같이
하늘 아래 모든 것이 저 홀로 설 수 있을까
가을 우체국 앞에서 그대를 기다리다
우연한 생각에 빠져 날 저물도록 몰랐네

이 노래를 들으며 문득 내 삶도 누군가에게 작은 희망이 될 수 있다면 그것만으로도 충분히 의미 있는 삶이 아닐지 생각하곤 했다. 새벽이나 한밤중에 어둠 속에서 멀리 보이는 희미한 불빛처럼, 하루를 시작하거나 긴 하루를 마치고 집으로 돌아갈 때 누군가가 나로 인해 미소를 짓는다면 얼마나 좋을까 생각했던 시절이 있었다. 그 미소가 설령 서로 모르는 사람들 사이에서 오간다 해

삶이 의미를 잃기 전에

도, 그 미소를 보낸 사람은 기억되지 않은 채 잊히고 말더라도, 그 순간의 미소는 잃어버릴 수 없는 의미로 남아 서로의 삶에 조용히 흔적을 남길 것이다.

의과대학 4학년 때의 일이다. 병원 가톨릭 원목실에서 자원봉사를 했는데, 사실 봉사라기보다 대개는 '부제(副祭)'를 돕는 일이었다. 부제란 사제(신부)가 되기 직전 단계의 성직자로서 몇 가지 전례를 사제 대신 수행할 수 있는 직책이다. 그때 부제가 외국인이었는데, 주일 미사에 참여하지 못하는 병원에 입원한 환자들에게 봉성체(奉聖體), 즉 성체를 모시도록 돕는 일을 했고, 나는 그의 곁에서 함께 병실을 돌았다. 어느 날에는 위암 말기로 입원해 있던 남자 환자의 병실을 찾았다. 마흔 중반의 환자로, 부인과 함께 있었다. 봉성체가 끝난 뒤 나는 책을 읽어드리거나 말벗으로 가끔 찾아와도 괜찮은지 조심스럽게 물었고 두 사람은 별다른 망설임 없이 흔쾌히 허락했다. 내성적인 성격의 내가 어떻게 그런 제안을 할 수 있었는지 지금 생각해도 신기하다.

그렇게 다음 날 다시 병실을 찾아갔는데, 환자는 보이지 않고 침대만 빈 채로 있었다. 불길한 예감이 들어 병실을 나서려는 순간 부인이 휠체어에 탄 환자를 밀고 들어오는 모습을 보고 안심했다. 이후 우리의 인연은 3개월 동안 이어졌다. 나는 책을 읽어주기도 하고 가벼운 대화를 나누기도 했다. 환자가 잠든 사이에는 노트에 마음을 적어 남기기도 했다. 극심한 통증에 시달리거나 말조차 할 수 없을 때는 손을 잡아주며 곁에 머물렀다. 1주일에 한 번 방문하다가 어느새 매일 찾게 됐고, 어떤 때는 하루에 두 번씩 그가 있는 병실로 향했다. 병원 가까이 기숙사에서 지낸 덕분에 가능한 일이었다.

서로 친해질 무렵 그가 내게 세 가지를 부탁했다. 자신이 세상을 떠난 뒤에도 가족들과 자주 만나달라는 것, 아들의 대부(代父)가 돼달라는 것, 그리고 암 환자와 함께하는 의사가 돼달라는 부탁이었다. 결국 대부는 되지 못했지만, 두 가지 약속은 지켰다. 그가 오랜 심폐소생술에도 끝내 세상을 떠나던 날, 나는 그 마지막 순간을 함께하면서 마치 내 가족을 잃은 듯 한없이 눈물을 흘렸다. 당시에는 호스피스 개념을 몰랐으나 그때의 만남이 내 삶의 방향을 잡아줬다. 이후 나는 말기 환자를 진료하며 활동하고 있고, 한동안 그의 가족들과도 계속 연락하며 지냈다.

이미 언급했듯이 사실 그 이전부터 나를 의사의 길로 이끈 계기가 있었다. 가장 가까운 가족의 죽음이었다. 나와 부모님, 할머니, 형님, 세 누님, 남동생이 한 가족이었다. 부모님, 할머니, 큰누님, 남동생은 시골집에서 살았고, 형님과 두 작은누님 그리고 나는 광주에서 유학하며 따로 살았다. 내가 중학교에 다니던 시절이었다. 그때 큰누님이 아팠다. 황달이 나타나 처음에는 간염을 의심했는데 뒤늦게 위암이 간으로까지 전이된 상태임을 알게 됐다. 수술로도 어찌 해볼 수 없는 지경이었다. 암이 너무 늦게 발견됐다는 의사의 말에 부모님은 남은 자식들을 위해서라도 무리하지 않기로 하셨다. 하지만 대학생이었던 형님은 당장 수술하지 않으면 집을 나가겠다고 펄펄 뛰었다. 그날 나는 이불 속으로 들어가 울면서 누님 같은 환자를 치료하는 의사가 되겠다고 결심했다. 알고 지내던 약사의 도움으로 진통제는 쓸 수 있었지만 그렇다고 고통을 완전히 없애주지는 못했다. 누님은 시골 작은 방에서 극심한 통증과 죽음의 공포에 시달렸다. 학교 때문에 집에는 주말에만 내려갔는데, 어느날 와보니 분위기가 이상했다. 어머니는 텅 빈 누님 방을 보며 서울로 수술받으러 갔다고 눈물을 흘리셨다. 나는 화장실에서 들어가 펑펑 울었다. 결국 누님은 내가 중학교 3학년 때 세상을 떠났다. 훗날 말기 환자들의 집을 방문할 때마다 그때의 기억이 떠오르곤 했다.

작은 방에서 극심한 통증과 두려움 속에 고통받던 누님의 모습, 죽음 직전 심폐소생술을 받던 환자의 모습이 지금도 눈앞에 선하다. 매년 수많은 사람이 암으로 고통받고 있다. 의사가 되고 나는 그들의 고통을 조금이라도 덜어주기 위해 연구에 매진했다. 암 환자와 가족의 처지에서 문제를 해결할 방법을 고민했고, 때로는 그들의 삶을 꿈에서 마주하기도 했다. 환자와 가족들에게서 배운 의사로서의 삶이 현재 만나는 환자들과 미래의 환자들을 위해 나를 더 나은 길로 나아가게 해주는 힘이었다. 나는 앞으로도 그들을 위해 최선을 다할 것이다.

제 4 장

바다처럼 별처럼

| 바다에 내린 눈은 바다가 되듯 |

바다에 내린 눈이 녹아 바다의 일부가 되듯, 우리가 만나는 인연들도 모두 내 삶의 일부가 된다. 사랑하다가 미워하며 헤어진 사람도, 나를 증오하고 반대하는 사람도, 결국 나를 형성하는 데 영향을 준 사람들이다. 그들과의 만남이 없었다면 지금의 나는 존재하지 않았을 것이다. 좋든 싫든 우리 주변 사람들은 긍정적 또는 부정적으로 내게 영향을 미치고, 나 또한 그들의 삶에 영향을 주면서 서로 일부가 된다. 이 사실을 부정하는 순간 현재의 나를 부정하게 된다.

자신의 현실을 부정하기보다 자신의 한계를 수용하는 것이 현명하다. 바다가 내린 눈을 포용하고 강물을 수용하듯이 말이다. 바다는 태양 빛으로 자신을 증발시켜 구름에 내어주고, 다시 비로 내려 대지를 적신다. 이렇듯 존재란 받음으로써 유지되고 줌으로써 이어진다. 눈 내리는 바다로 달려가고 싶다. 답답한 이곳을 벗어나 넓고 끝없는 바다처럼 모든 것을 품고 내 일부로 녹여내고 싶다.

지식인, 박애자, 자유인, 사상가, 나는 의로움을 찾는 사람들을 기다린다. 시대의 아픔을 고민하고, 서민의 고통을 이해하며, 그

삶이 의미를 잃기 전에

들의 편에서 삶의 아픔을 함께 나누고, 행동으로 그 고통을 치유하는 여리지만 강인한 '지식인'. 증오와 허무 대신 사랑과 희망을 키워주는, 시대의 젊은이들이 따르고 그들의 순수와 열정을 불러일으키는 '박애자'. 사사로운 이익이나 당대의 인기에 얽매이지 않고 시대를 관통하는 참된 진리를 제시하는 '자유인'. 깊은 사색을 통한 철학과 이상으로 시대의 정신을 밝히고 우리 내면에 숨겨진 빛을 드러내게 하는 '사상가'. 이들과의 만남을 내 삶의 일부로 녹여내 의로운 사람이 되고 싶다.

이들의 공통점은 과거에서 배워 현재의 난제를 극복하고 미래를 대비한다는 데 있다. 돈과 권력과 명예의 가치를 뛰어넘어 사람의 가치, 개성의 가치, 건강의 가치를 더 소중하게 생각하는 사람들이, 우리 겨레에 떠오르는 태양과 같은 희망을 줄 수 있는 사람들이 많아지기를 간절히 소망한다.

나는 진심으로 오늘날에 필요한 사람들을 기다린다. '웰빙(well-being)'이 그저 물질적 풍요만을 의미하는 게 아니라 정신적·사회적·존재적으로 의미 있는 삶을 뜻한다는 사실을 새삼 깨우쳐주는, 《갈매기의 꿈》 주인공 조너선 리빙스턴 같은 존재를 만나고 싶다. 우리에게 필요한 존재가 이런 사람들이기 때문이다. 《꽃들에게 희망을》에서 어디로 올라가고 있는지조차 모르고 다른 애벌레들 위로 기어 올라가다 떨어져 죽게 될 애벌레들에게 "그대들의 진정한 목적은 자신의 진정한 모습인 아름다운 나비가 돼 꽃들에게 희망을 나눠주는 것"이라고 조언하는 존재가 필요하다. 《묵자(墨子)》의 '귀의(貴義)'에도 이런 대목이 나온다. 묵자에게 친구가 말했다.

"지금 천하에는 의로움을 행하는 사람이 없는데도 그대 홀로 자신을 괴롭히며 의로움을 행하고 있으니 인제 그만두시게."

그러자 묵자가 이렇게 대답했다.

"어떤 이에게 자식이 열 사람 있는데 한 사람만 농사를 짓고 나머지 아홉은 집에 들어앉아 있다면, 그 한 사람이라도 더 열심히 농사를 짓지 않으면 안 되는 걸세. 먹을 사람은 많은데 농사짓는 사람은 적기 때문이지. 지금 천하에 의로움을 행하는 사람이 없다면 자네는 마땅히 내게 의로움을 권해야지 어찌 말리는가?"

우리 사회에도 이렇게 바른말을 하고 의로움을 실천하는 이들이 많아지기를, 이들을 지지하고 함께할 사람들 또한 많아지기를 소망한다. 이 책을 읽는 여러분 가운데 그런 사람을 만난다면, 아니 여러분이 바로 그런 사람이라면 얼마나 좋을까? 나도 그런 의인(義人)이 되고자 계속 노력하겠다.

| 부족함 속에서 찾아가는 빛 |

돈, 명예, 지위, 직책이 우리의 품격을 높여주거나 지켜주지 않는다. 그저 선택할 수 있는 도구일 뿐 그 자체로 품격을 정의하거나 완성하지는 못한다. 품격을 높인다는 것은 단순히 개인적 성공이 아니라, 타인과 세상, 나아가 우주에 이바지하는 가치 있는 소임을 수행하는 것이다. 돈과 지위, 유명세, 명예는 자신을 위한 이기적 목표를 성취하는 데 그치기 쉽다.

하지만 진정한 품격은 타인과 공동체 그리고 더 넓은 세상을 위한 이타적 노력에서 비롯된다. 결국 이런 노력은 자연스럽게 자신의 가치와 품격을 높이게 된다. 우리는 위대한 인물들을 통해 이런 진리를 확인할 수 있다. 그들은 타인과 세상을 위해 헌신하며 자신의 품격을 높인 사람들이다.

인류는 발전할까? 발전이란 무엇일까? 인간과 인류가 바라는 발전에 목표라는 게 있을까? 기술과 사회의 발전이 추구하는 방향은 명확하며, 그 방향이 옳다고 확신할 수 있을까? 인류의 발전은 단순히 행복의 증대를 목표로 하는가, 아니면 목적 성취의 결과로써 행복을 얻고자 하는 걸까? 인류는 다른 존재로 진화하기를 바라는가? 아니면 선택적 생존, 도태, 또는 인위적 변화를 통해 미래를 만들어가려는가?

성장과 발전은 다르다. 양적 성장은 단순히 크기를 키우는 것에 불과하다. 반면, 발전은 질적 성장을 포함한다. 양적 성장과 질적 성장이 병행될 때만 발전이라 할 수 있다. 인간의 신체와 뇌는 주로 생존을 목표로 진화해왔다. 이는 리처드 도킨스(Richard Dawkins)가 말한 '이기적 유전자(Selfish Gene)' 개념과도 연결된다. 우리 몸은 200만 년 전 석기 시대부터 지금까지 생존 중심의 유전자에 의해 최적화됐다.

현대인의 신체 생리는 약 200만 년 전에서 30만 년 전 석기 시대의 환경에 적응하며 유전적으로 진화해 왔다. 즉, 우리는 석기 시대의 몸과 유전적 특성을 거의 그대로 유지하고 있는 셈이다. 하지만 현대에 이르러 음식의 맛을 즐기는 식탐에 빠지며, 활동량에 비해 과도한 음식을 섭취하고 있다. 그 때문에 비만이 증가하고 성인병이 급증하고 있다. 생존을 위해 발달했던 유전자는 현대의 급격한 환경 변화에 적응하지 못해, 오히려 인류를 건강의 위기로 몰아넣는 배신적 결과를 초래하고 있다.

과연 우리는 긍정적인 방향으로 진화하고 있는 걸까? 이 질문에 대해 부정적인 답을 할 수밖에 없는 순간도 있다. 그러나 희망은 있다. 부정적인 변화가 이미 일어났더라도, 우리의 생각과 행

삶이 의미를 잃기 전에

동을 바꾸고, 그 변화가 습관이 되고 성격으로 자리 잡으면 결과는 달라질 수 있다. 예를 들어 15년에서 20년 동안 금연을 하고 신체 활동을 꾸준히 늘리면서 균형 잡힌 식습관을 유지한다면, 환경과 상호 작용해 나타나는 우리의 '표현형(phenotype)' 유전자에도 긍정적인 유전적 변화가 일어날 수 있다. 그것이 건강의 운명을 바꾸는 열쇠가 될 것이다. 그러니 절대 포기할 필요는 없다. 변화는 가능하며, 그것은 우리의 의지와 행동에서 시작된다. 인간은 현재의 한계를 넘어 긍정적인 변화를 만들어낼 잠재력이 있다. 이제는 단순히 생존을 넘어 인간다운 품격을 유지하며 타인과 세상을 위한 발전을 선택할 때다.

나는 끊임없이 나 자신을 성찰해야 함을 알고 있다. 신은 모든 것을 꿰뚫고 있으며 영원히 그럴 것이다. 신이 모든 것을 보고 모든 것 속으로 들어가 모든 것 속에 존재하고 있다. 태양이 어두운 방을 비추듯 신은 모든 사람의 마음속을 투시한다. 우리는 잘 조율된 두 악기가 화음을 내듯 신의 빛을 세상에 비추기 위해 노력해야 한다.

나는 누군가가 이 세상을 떠날 때마다 두려움을 느낀다. 그들이 육체라는 제한된 공간을 벗어나 시공간의 한계를 넘어 신의 일부가 되면, 그 존재 앞에서 내 모든 것이 발가벗겨진 듯 드러날 것

같아서다. 그 순간 태양이 어두운 방을 비추듯 내 내면의 부끄러움, 죄스러움, 무능함이 밝혀질 것만 같다.

나는 전공의 때부터 연구 방법을 설계하고 자료를 수집하며 논문을 쓰기 시작했다. 문제를 해결하려는 호기심이 동력이었다. 연구비 지원도 받지 못했지만, 전문의와 전임의 시절에도 직접 조사하고 자료를 모아 분석했다. IMF 외환 위기 때도 운 좋게 종합병원에 취업해 연구를 계속할 수 있었다. 그러던 2000년 7월, 외환 위기가 끝나갈 무렵, 국립암센터에 창립 일원으로 참여하게 되면서 본격적으로 연구에 매진할 기회를 얻었다. 2001년에는 국립암센터 산하에 '삶의질향상연구과'를 설립해 암 환자의 삶에 관해 연구할 수 있게 됐다.

연구를 오랫동안 하다 보면 다양한 연구원들과 함께 일하게 된다. 여러 연구를 동시에 진행하면 의사소통과 의사결정의 어려움이 발생하게 마련이다. 그래서 팀을 나누고 팀별로 팀장을 둬서 조직적으로 운영하기도 한다. 연구팀을 관리하다 보니 어떤 때는 소기업 대표 같은 역할을 해야 할 때도 있었다. 연구원들 사이에서 갈등이 일어나기도 한다. 이런 상황을 방치하면 돌이킬 수 없는 감정싸움으로 번질 위험이 있다.

그런데 그런 일이 우리 연구실에도 벌어졌다. 처음에는 전혀 예상하지 못했기에 심각한 상황을 인지하니 화가 났다. 하지만 꾹 참고 깊이 고민한 끝에 연구원들을 불러 세 가지를 말했다.

"첫째, 저는 신이나 재판관이 아닙니다. 따라서 누가 옳고 누가 그른지 판단할 수 없습니다. 둘째, 이런 일이 생긴 것은 모두 제 탓입니다. 그러니 아무도 탓하고 싶지 않습니다. 셋째, 이번 일을 통해 우리가 모두 성장하는 기회가 됐으면 좋겠습니다. 그래서 누구도 그만두게 하지 않겠습니다."

그 이후로 팀은 연구 과제들을 잘 마무리했고, 나는 당분간 프로젝트를 맡지 않은 채 조용히 지내기로 했다. 연구 결과를 잘 정리해 논문으로 발표했다. 그때 연구원들 가운데 일부는 기업, 연구기관, 대학에 연구원으로 취업하거나 교수로 자리 잡았다. 지금도 가끔 잘 지내고 있다는 소식을 나눈다.

나 또한 그때의 경험을 통해 사람과 관계에 대한 실망보다는 인간을 향한 이해의 폭을 더 넓힐 수 있었다. 세상일은 누구의 탓도 아니다. 내 탓이다. 가톨릭 미사에서 고백 기도를 할 때처럼 "내 탓이오, 내 탓이오, 내 큰 탓이로소이다."

나는 인정한다. 시공간에 머무는 한 인간으로서 한 점 부끄러움 없이 살아갈 수는 없다는 사실을. 윤동주 시인의 고백처럼 부끄러움이 없는 삶은 불가능할 것이다. 그 사실을 인정하며 하루하루를 살아가는 나 자신을 돌아볼 때마다 어쩔 수 없음을 알면서도 안타깝기만 하다. 소설 《닥터 지바고(Doctor Zhivago)》로 유명한 러시아 시인이자 소설가 보리스 파스테르나크(Boris Pasternak)의 시 〈유명해지는 건 꼴사납다〉가 생각난다. 유명세가 권력으로 작용하는 요즘 시대에 되새길 만한 시다. 늘 겸손하게, 사랑으로 생명력 넘치는 삶을 살아가야 함을 가르쳐준다.

> 유명해지는 건 꼴사납다
> 유명세가 높여주는 게 아니다
> 고문서 보관소를 만들어선 안 된다
> 원고 걱정에 벌벌 떨어선 안 된다
>
> 창작의 목적은 자신을 내어주는 것
> 찬사가 아니다, 성공이 아니다
> 아무 의미도 없이 모두의 입술에
> 오르내리는 건 수치다
>
> 참칭하지 않고 살아야 한다
> 광활한 대지의 사랑을

결국 자신에게 끌게, 미래의 부름을

듣게 살아야 한다.

전 생애의 장소와 장을

난외에 표시하며

종이 사이가 아니라 운명 속에

공백을 남겨야 한다

무명 속에 잠겨야 한다

지척이 보이지 않을 때

세상이 안개 속에 몸을 숨기듯

무명 속에 네 걸음을 감춰야 한다

다른 이들의 한 뼘 한 뼘

네 길의 생생한 자국을 따를 것이다

승리와 패배를

너 자신이 구별해서는 안 된다

단 한 부분도

얼굴을 버려서는 안 된다

살아있어야, 오직 살아있어야

끝까지 살아있는 존재여야 한다

나도 내 부족함을 감추지 않고 진실한 모습을 마주하고 싶다. 언젠가 내 거짓되고 부끄러운 부분들까지도 감추지 않고 내어 보일 수 있는 날이 오리라 믿는다. 그래서 그날을 향해 오늘도 감추기보다는 내 부족함에 눈을 뜨며 더욱 노력하면서 살아간다. 밤의 어둠 속에서 별이 빛나듯이.

| 삶의 품격을 지키는 길 |

사회생활을 시작한 지 얼마 지나지 않아 한때 순수했던 사람들이 지혜를 빙자한 영악함으로 가득 찬 모습을 볼 때가 있다. 전에 알던 그 사람이 맞나 싶을 정도로 세상에 찌든 태도를 보이면 안타까움을 금할 수 없다. 아직 젊은 나이에 세상을 다 안다는 듯한 냉소적인 미소와 말투와 제스처를 보면 무엇이 그 사람을 그렇게 만들었을까 생각하게 된다. 인간에 대한 신뢰보다는 의심의 눈빛으로, 조심스럽고 계산적으로 사람을 대하며, 그래야 손해 보지 않고 산다는 듯한 태도는 마치 세상의 진리를 터득한 양 비웃음을 짓는다. 그런 모습을 마주할 때면 가슴 깊은 곳에서 저며 오는 슬픔을 참기가 힘들다.

혹시 나도 그렇게 변해버린 건 아닌지 스스로 돌아본다. 그리고 그런 모습이 내 안에서도 발견된다면 그 비참함은 이루 말할 수 없을 것이다. 상대방을 인간으로서 존중하며 "되는 방향으로 검토해 보겠습니다"라는 말 한마디를 하는 일이 그렇게 어려운 걸까? 원칙대로 살아가는 것이 "무슨 소용 있느냐"는 표정으로 비칠 때 느껴지는 서글픔은 이루 말할 수 없다. 세상에 대한 긍정과 숨겨진 가능성을 발휘하기보다는, 세상에 적응하며 인간에 대한 미움과 불신을 키워가는 모습을 지켜봐야만 하는 무력감은 참으로 견디기 어렵다.

혹시 내가 주변 사람들에게 이런 모습으로 비치거나 그들을 이렇게 만든 데 나도 일조한 것은 아닐까 반성하게 된다. 그러나 명심해야 할 점이 있다. 세상이 그 사람을 그렇게 만든 것이 아니라, 세상은 단지 그 사람 안에 있던 면을 끌어내는 동기를 제공했을 뿐이다. 그 경험을 긍정적으로 해석하고 활용하는 것은 결국 자신의 몫이다. 세상과 다른 사람을 탓하기 전에, 에리히 프롬(Erich Fromm)이 말했듯 인간은 성 프란치스코(St. Francisco)가 될 수도 있고 아돌프 히틀러(Adolf Hitler)가 될 수도 있다는 사실을 잊지 말아야 한다.

아울러 나는 '끼' 있는 사람을 좋아한다. 여자든 남자든 주위를 의식하지 않고 저돌적으로 자신의 길을 향해 달려드는 모습은 아름답기까지 하다. 물론 그 과정에서 실수하거나 주위 사람들에게 상처를 주기도 하고 스스로 좌절할 때도 있다. 하지만 절망 속에서 울부짖는 모습조차도 아름답다. 그런 과정을 통해 끼는 다듬어지고 성숙해지며, 언젠가 찬란히 빛을 발할 날이 올 것이다. 우리는 이런 모습을 미술이나 음악 같은 창작의 세계에서 자주 본다. 그러니 그들을 이해하고 기다려 주자. 그들의 끼가 빛날 수 있도록.

그들은 삶을 진정으로 사랑하고 세상을 진실하게 대하는 사람이다. 그들에게는 주변 사람들까지 자신의 세계로 끌어들이는 마력이 있다. 이 마력은 아무나 가질 수 있는 것이 아니다. 우리는 그들이 상상의 나래를 펼치고 끼를 발휘할 수 있도록 도와주어야 한다. 그 끼는 창조적이며, 우리 사회를 더욱 풍요롭고 살기 좋은 곳으로 만들 것이기 때문이다. 모든 사람은 각자 숨겨진 끼를 하나씩은 갖고 있다. 자신을 유일한 존재로 만드는, 세상에 단 하나뿐인 끼 말이다. 다만 두려움 속에 감춰져 있거나 주위 환경 때문에 억눌려 있을 수도 있다. 세상에 대한 냉소와 분노를 털어내고 자기 자신 안에 숨어 있는 끼를 드러내보자.

세상 사람들에게 호소하고 싶다. 그들의 숨은 끼를 찾아주고 그들이 도전 의식을 가질 수 있도록 도와달라고. 그들의 실수를 너그럽게 덮어주고 두려움을 감싸주자. 미래에 대한 긍정과 상상력을 통해 인간과 삶에 대한 애정과 희망을 키우며 우리 세상을 더 밝고 따뜻하게 빛나게 만들자.

인간은 태어나는 순간부터, 아니 난자와 정자가 만나는 순간부터, 그 이전에 난자와 정자가 만들어지는 순간부터 이미 철저히 불공정한 조건 아래 놓여 있다. 그러나 인간은 이런 불공정한 상황과 조건을 극복하고 공정한 사랑을 실현하기 위해 노력하는 존재다. 세상의 불공정과 인간의 부조리를 알기에 이를 바로잡고자 하는 의지를 갖는다. 그런 점에서 인간은 신의 뜻을 실현하고자 하는 구도자라 할 수 있다. 일찍이 공자는 《중용(中庸)》에서 이렇게 말했다.

"천하와 국가도 잘 다스릴 수도 있고, 벼슬과 봉록을 사양할 수도 있으며, 서슬이 번쩍이는 칼조차 밟을 수 있지만, 중용을 지키기가 참으로 어렵구나."

특히 요즘 정치계를 보면 중용이 얼마나 어려운지 새삼 실감한다. 어떤 발언이나 행동에 대해 서로 다른 평가와 논란이 끊이지 않는 걸 보면 그렇다. 긴 안목의 역사적 평가보다는 네티즌이나 언론, 시민단체의 즉각적인 반응에 촉각을 곤두세우며, 정부의 정책이나 학자들의 입장이 바뀌는 것을 흔히 볼 수 있다. 여론의 반응을 지켜본다는 이유에서다. 하지만 여론은 시시각각 변하고 때로는 조작되기도 한다는 점에서 과연 그것을 신뢰할 수 있는지 의문이 든다.

중용이란 올바른 길을 가고자 하는 사람이 한쪽으로 치우치지 않는다는 뜻이다. 이는 아무런 방향성도 없이 이랬다저랬다 하는 태도와는 다르다. 예컨대 어떤 부자(父子)가 당나귀를 타고 가며 사람들의 말에 따라 행동을 바꾼 이야기처럼, 남의 말에 흔들리는 것은 결코 중용이 아니다. 중용은 무지한 사람이 보기에 아무런 색깔도 없고 가치관이나 줏대가 없는 것처럼 보일 수 있다. 하지만 진리와 정의, 사랑이라는 기준을 바탕으로 흔들림 없이 나아가는 것이다. 왜냐하면 보편적 기준이라는 것도 진정한 진리와 정의와 사랑을 담보한다고 할 수 없기 때문이다.

예를 들어 서울대학교 입시제도를 논할 때 그것은 한 개인의 욕심이나 현재의 인기와 평판에 휘둘릴 일이 아니다. 백년지계(百年之計)를 내다보는 안목으로, 중용을 실현하려는 의지를 바탕으로 해결해야 한다. 그러나 독선이나 아집이 아닌 진리와 정의와 사랑의 보편적 가치를 충실히 따르며 방향을 잡아야 한다. 때로는 주관적인 것이 오히려 진정한 가치를 담을 수도 있다. 과거의 가치관으로는 설명할 수 없는 새로운 현상들이 항상 나타나기 마련이기 때문이다. 발전적인 관점에서 더 진보적이고 포괄적인 세계관이 새로 등장할 수 있다.

물론 이런 세계관은 이해받지 못하거나 비난받을 수도 있다. 그러나 그 또한 각오해야 한다. 당시에는 인정받지 못했던 철학, 사상 그리고 예술작품들이 먼 훗날 가치를 인정받는 경우가 많듯이, 새로운 시도는 시간이 지나야 빛을 발할 때도 있는 법이다.

| 희생과 신뢰의 리더십 |

"왕께서 이로움을 말씀하시면 대신들도 자기 집안의 이로움만 찾을 것이고, 선비들과 서민들까지도 저마다 이로움만 구할 것입니다. 서로 이로움만 탐하다가 큰 재앙이 닥칠 것입니다."

《맹자(孟子)》 '양혜왕(梁惠王)'에서 "내 나라를 이롭게 하려면 무엇을 해야 하는가?"라고 묻는 양혜왕의 질문에 맹자가 답한 말이다. 맹자는 왕에게 인의(仁義)를 강조했다. 서로가 사사롭게 자신의 이익에만 집착하다 보면 필연적으로 갈등이 생길 수밖에 없다. 늘 어떤 일이 궁극적으로 도움을 줄 대상, 즉 선생님이라면 학생, 의사라면 환자, 정치인이라면 국민을 먼저 생각해야 한다. 그렇게 선택의 순간 갈등을 느낄 때 스스로에게 이런 질문을 던져야 한다.

'나는 지금 내 이익만을 생각하고 있지 않은가?'

'이해 당사자 모두가 자신들의 이로움에만 매달리며 양보를 하지 않는 것은 아닌가?'

양보는 스스로 자신이 있다는 확신에서 비롯된다. 반면 집착은 자신이 없어서 생긴다. 자신을 믿는 사람만이 양보할 수 있다는 점을 한 번쯤 되새길 필요가 있다. 그렇지만 모든 경우에서 양보가 미덕인 것은 아니다. 자신의 이익을 위해서가 아니라 옳은 일을 위해, 정의를 위해, 명분 있는 일을 하고 있다면 결코 물러서거나 포기해서는 안 된다. 오히려 자신의 이로움을 버리더라도 상대의 정의를 끌어내기 위해 노력해야 한다. 양보할 때와 그렇지 않을 때를 분별하는 것은 결국 스스로의 신념과 올바른 가치관에 달렸다.

리더는 단순히 조직을 관리하는 사람이 아니라, 비전을 제시하고 조직을 이끌어갈 수 있는 사람이다. 리더는 잘못을 인정할 용기, 나아갈 때와 물러날 때를 아는 지혜, 그리고 내외부의 협력을 이끌어낼 능력을 갖춰야 한다. 무엇보다도 조직과 구성원을 위해 희생하고 헌신할 자세가 필요하다.

위기는 세 단계로 나타난다. 위기의 첫 번째 단계는 '징후'로, 아직 가시적인 위기가 발생하지 않았지만, 위기의 징후가 나타나기 시작하는 시점이다. 이 단계에서 위기의 조짐을 조기에 진단하고 신속하게 대응하려면, 조직 내에 위기를 예측하고 대응할 수 있는 체계와 리더십이 필수적이다. 위기는 조직이 완전히 사라지는 단계에서 시작되는 것이 아니라, 성장이 멈추는 순간부터 서서히 가시화된다. 성장을 위한 변화를 거부하고 현실에 안주하려는 집행부와 구성원이 다수를 차지하게 되면, 위기는 본격적으로 시작된다.

위기의 두 번째 단계는 '인지 부조화'로, 위기가 이미 다가왔음에도 불구하고 그것이 위기인지조차 깨닫지 못하는 단계다. 구성원들은 조직의 성장이나 위기에 대해 무관심하며, 자신의 이해관계에만 몰두한다. 이로 인해 조직 내에서는 심각한 인지 부조화가 발생한다. 이런 상황에서 변화를 이끌 리더가 부재하면, 위기에서 벗어날 수 있는 기회를 놓치게 되고 결국 조직의 침몰을 막을 수 없게 된다. 위기 극복을 위한 노력은 내부의 반대 세력과 저항에 부딪힌다. 이는 조직을 죽음의 다섯 단계, 즉 '부정', '분노', '타협', '우울', '수용' 중에서 '타협'의 단계에 머물게 만든다. 그러나 이 타협은 성장과 변화로 이어지지 못하고 현 상태의 유지나 소극적인 진척에 그친다. 결과적으로 조직은 다시 퇴보하게 되며, 이번에는 변화의 동력을 완전히 상실해 결국 포기의 단계로 넘어가게 된다.

위기의 세 번째 단계는 '조직 붕괴'로, 조직의 인재들이 탈출하는 시점이다. 이는 돌이킬 수 없는 위기의 가장 뚜렷한 신호로 나타난다. 가라앉는 배에서는 배를 구할 수 없기에, 생존을 위한 유일한 방법은 탈출뿐이다. 그러나 위기의 원인이 된 리더와 일부 구성원들은 여전히 현실을 부정하며, 배와 함께 침몰하는 길을 선택한다. 이는 배 안에 남은 물건에 대한 집착과 탈출할 수 있는 능력의 부족 때문이다.

리더는 일곱 단계를 거치면서 성장해야 위기에 처한 조직을 성공으로 이끌 수 있다. 첫 번째 단계는 '관심'이다. 조직과 이슈에 관심을 두는 단계다. 두 번째 단계는 '학습'이다. 조직과 이슈에 대해 학습하며 이해한다. 세 번째 단계는 '애정'이다. 조직과 이슈에 애정을 느낀다. 네 번째 단계는 '고통'이다. 조직의 문제로 인

삶이 의미를 잃기 전에

해 고통을 느낀다. 다섯 번째 단계는 '결정'이다. 이를 극복하기 위한 결단과 용기를 갖는다. 여섯 번째 단계는 '희생'이다. 고통을 감내하며 자신을 희생한다. 마지막 일곱 번째 단계는 '협력'이다. 내외부의 협력과 창의적인 접근을 통해 윈-윈 전략을 실현한다.

국가를 예로 들면 국민의 올바른 요구를 따라야 진정한 지도자가 될 수 있다. 과거의 은혜와 원한, 개인적인 철학과 신념, 심지어 이름조차도 내려놓고 오직 국민을 위해 선택할 수 있는 인물만이 리더로 선택된다. 참모는 리더의 강점을 부각하고 약점을 보완하며, 리더는 포용적 태도로 반대하던 이들과도 함께 일할 수 있는 링컨 같은 리더십을 보여야 한다.

조직은 리더의 희생, 배려, 협력을 통해 변화할 수 있다. 리더는 암울한 현실 속에서 꿈과 희망을 제시하고 조직을 하나로 묶는 역할을 해야 한다. 우리는 이제 새로운 리더십을 필요로 하는 시점에 있다. 과거에 얽매이기보다는, 미래를 향해 나아가는 변화된 리더를 선택해야 한다. 위기는 조직과 리더에게 새로운 기회의 장이 될 수 있다. 올바른 리더는 희망과 신뢰를 바탕으로 공동체의 성장을 견인하는 사람이다. 결국 희생과 헌신이야말로 조직과 사회를 변화시키는 진정한 원동력임을 기억해야 한다.

높은 지위에 오르면 다른 사람들을 다스릴 수 있다는 환상에 빠지기 쉽다. 때로는 자신의 이상을 실현할 기회를 놓치면 안 된다고 생각하거나, 심지어 남의 삶을 무너뜨리거나 생명을 빼앗는 권한이 있다고 착각하기도 한다. 그러나 타인은 물론 자신의 적이라도 존중할 줄 아는 사람이 진정한 리더다. 리더는 싸우지 않고도 이길 수 있는 '지장(智將)'이 돼야 하고, 적에게도 존경받을 수 있는 '덕장(德將)'이 돼야 하며, 자신의 이상보다 만인의 안위를 위해 적으로 하여금 스스로 성을 내놓게 하는 '인장(仁將)'이 돼야 한다.

오래된 조직이든 새롭게 생긴 조직이든 간에 고참과 신참이 있게 마련이다. 고참의 경륜과 지혜, 신참의 열정과 참신함을 조화롭게 만드는 것도 리더의 중요한 덕목이다. 리더는 조직 구성원들이 조직의 목적을 이해하고 목표를 공유할 수 있도록 해야 한다. 그럼으로써 각자가 주인의식과 책임감으로 맡은 일을 해결해 나가도록 이끌어야 한다. 리더가 어떻게 하느냐에 따라 조직 구성원이 성 프란치스코가 될 수도 있고 아돌프 히틀러가 될 수도 있음을 인지해서 구성원들의 잠재력을 긍정적인 방향으로 표출하도록 도와야 한다. 지난날의 허물을 잊어주고, 서로의 선을 향한 의지를 믿고, 각자 의미를 추구할 수 있도록 격려해야 한다.

리더는 본래 희생하는 역할이다. 진정한 리더는 타인의 노력을 강요하는 대신 자신부터 솔선수범한다. 그렇지 않으면 리더가 아니다. 그 자리와 힘 때문에 잠자코 있을 뿐 속으로는 아무도 인정하지 않는다. 나아가 참된 리더는 자신이 하고자 하는 일에 부끄러움이 없어야 하며, 그렇기에 모두에게 비밀도 없어야 한다. 리더의 권위는 지배하거나 소유하려는 권위가 아니라, 베풀고 돕는 권위여야 한다. 리더가 이런 모습을 보이면 이청준의 소설《당신들의 천국》이 비판한 '남들의 천국'이 아닌 '우리들의 천국'을 만들수 있다.

│ 악순환에서 선순환으로 │

우리는 예측할 수 없는 미래와 대응 효과의 불확실성 그리고 다른 선택 가능성의 부재로 인한 무력감 속에서 좌절하곤 한다. 하지만 아직 우리 인생이 끝난 것도 실패한 것도 아니다. 우리는 계속 도전하고 변화의 변곡점에서 위기가 아닌 성장을 위한 선택의 순간에 매번 직면한다. 비록 지금이 악순환으로 이어질 위기의 시작이더라도, 동시에 새로운 패러다임의 시작을 열 수 있는 기회가 될 수 있다. 내 삶의 여정에서도 실패와 실수가 있을 때마다 나는 새롭게 시작했다. 그 과정에서 의지를 잃지 않았고 감사와 사랑과 용서와 자기 치유를 경험하면서 다시금 일어섰다.

건강의 악순환도 끊어야 한다. 건강하지 않으면 삶도 의미를 잃게 된다. 현대 사회에서 만성 질환은 이제 가장 흔한 사망 원인이 됐다. 결핵이나 감염병 등 급성 질환으로 사망하던 과거와 달리 오늘날 국민의 90%는 암, 당뇨, 심혈관 질환 같은 만성 질환으로 삶을 마감한다. 이런 질병들은 적절한 예방과 조기 진단을 통해서 발생 자체를 막거나 합병증을 방지해야 한다. 그런데 악순환이 문제다. 건강을 유지해야 하는데 아팠다가 나아지기를 반복하면서 점점 더 악화한다. 이를 끊어내는 게 무엇보다 중요하다.

만성 질환 치료는 의사보다 환자의 노력과 협조에 달렸다. 의사가 "체중을 줄여야 합니다", "운동하십시오", "담배 당장 끊으세요", "음주를 줄이세요"라고 말하면 허투루 듣지 말고 정말로 그러려고 노력해야 한다. 물론 쉽지는 않다. 그래서 많은 환자가 중도에 포기하고 그냥 약물 치료를 선택한다. 약만 먹으면 나을 것 같다. 그러나 약을 맹신하면 안 된다. 약물 복용만으로는 질병을 완전히 통제하기 어렵다. 약과 함께 운동, 식이 조절, 체중 조절, 긍정적인 사고방식 같은 건강 습관을 병행해야 한다.

그리고 한편으로 악순환의 고리를 끊기 위한 노력은 개인의 의지뿐 아니라 사회적 차원의 동기와 지원도 필요하다. 건강 문화 캠페인이 이를 실현하는 데 주효한 역할을 한다. 금연 문화가 그 대표적인 예다. 과거에는 실내 흡연이 흔했지만, 금연 캠페인과 각종 정책 덕분에 이제 실내 흡연은 상상할 수 없는 일이 됐다. 마찬가지로 건강 문화가 자리 잡도록 사회적 인식 개선과 정책적 지원도 필요하다.

악순환을 끊으려면 동기가 있어야 한다. 우리 대부분은 병에 걸리고 나서야 건강의 중요성을 깨닫는다. 소 잃고 외양간을 고치는 격이더라도 치료와 재활 그리고 재발 방지를 위해서 반드시 건강 습관을 수정해야 한다. 특히 금연은 폐 질환 치료 후의 재발 예방은 물론 다른 질병의 발생을 줄이기 위해서라도 필수다. 더욱이 악순환은 질병에서만 나타나지 않는다. 우울증, 자살 충동, 자살로 이어지는 악순환은 개인의 삶에도 깊은 영향을 미친다. 극심한 스트레스와 무력감 속에서 악순환을 끊기란 더욱 어렵다. 평소에 노력해야 한다. 우리 삶을 변화시키는 첫걸음이다.

인생의 악순환을 끊기 위해서는 개인적 노력과 사회적 지원이 모두 필요하다. 건강과 삶의 질을 높이는 새로운 패러다임과 문화적 전환이 요구된다. 질병과 악순환의 고리를 끊고 개인과 사회가 함께 성장할 수 있는 미래를 만들어야 한다. 그 변화는 우리의 선택과 행동에서 시작된다.

우리 사회에 크고 작은 폭력이 점점 더 만연하고 있다. 삶이 의미 있으려면 폭력의 악순환도 끊어야 한다. 폭력은 또 다른 폭력을 나을 뿐이기에 사랑, 자비, 관용만이 폭력의 악순환을 끊을 수 있다. 그러나 그 길에는 마하트마 간디의 죽음처럼 비폭력에 따른 개인적 희생이 따르게 마련이다.

오래전 내게 깊은 감동을 준 영화 〈베로니카 게린(Veronica Guerin)〉이 떠오른다. 아일랜드의 탐사 저널리스트 베로니카 게린이 마약 범죄의 실체를 추적하다가 죽음에 이르는 과정을 그린 실화다. 1990년대 중반 더블린의 빈민가는 마약으로 만신창이가 됐지만, 정부와 언론은 이를 외면하고 있었다. 기자로서 베로니카는 위험천만한 취재를 이어나갔다. 정의를 바로 세워야 한다는 신념 때문이었다. 실체에 다가갈수록 마약 갱단으로부터 살해 협박과 신체적 공격까지 당했다. 상황이 심각해지자 주변에서 취재를 만류했으나 물러서지 않았다. 1996년 6월, 그녀는 갱단이 보낸 암살자의 총탄에 맞아 사망했다. 서른일곱의 나이였다. 베로니카의 죽음은 아일랜드 사회에 큰 충격을 안겼고, 그녀가 목숨을 걸고 폭로하고자 했던 마약 문제에도 경각심을 일깨웠다. 그녀의 죽음은 아일랜드에서 마약 범죄를 척결하고 범죄 조직을 단속하는 계기가 됐고, 결과적으로 마약으로 인한 사회 혼란과 고통을 줄이는 데 이바지했다. 개인의 희생이 사회의 희생을 막은 셈이었다.

그러나 이런 개인의 희생은 제도적인 개혁으로 악순환을 끊을 수 있었는데도 불구하고 정부 당국이 무관심으로 일관했기에 발생한 것이었다. 누군가 나서지 않으면, 우리가 나서지 않으면, 정부는 늘 이런 식이다. 결국 악순환의 고리를 끊기 위한 제도적 개혁도 우리가 이뤄내야 한다. 신념을 위해 최선을 다하면서도 좌절을 겪고, 그런 상황에서도 정의를 위해 기꺼이 자신을 희생하는 베로니카의 모습을 보며 스스로 이렇게 물었었다.

'나는 과연 그런 용기를 낼 수 있을까?'

사회적 모순에 대한 책임감, 베로니카의 희생, 나 자신의 한계에 대한 슬픔이 교차하는 순간이었다. 폭력을 유발하는 정치적·경제적·사회적 악순환이 계속되고 있다. 계속해서 이어지는 정치적 퇴보의 악순환도 마찬가지다. 국민이 저항하는 과정에서 폭력이 표출될 수도 있고 폭력적으로 탄압받을 수도 있다. 어느 쪽이든 불행하고 슬픈 일이다.

경제적 악순환도 똑같다. 나아질 기미가 보이지 않는 경기 침체로 자영업자 등 개인의 신용이 무너져 심각한 사회 문제가 되고 있다. 개인의 노력만으로는 극복하기 불가능한 수준이다. 제도적인 구제 장치가 필요하다. 시장 경제도 그대로 영향을 받는다. 경기가 나빠지면 소비가 위축돼 다시 경기 침체로 이어지는 악순환이 초래된다. 자유 시장도 중요하지만 정부의 더 적극적인 경제 개입이 현재로서는 절실하다.

악순환의 고리를 끊기 위해서는 종합적인 노력이 있어야 한다. 우선 사회 지도 계층이 솔선수범해 모범을 보이고 변화의 기초를 마련해야 한다. 개인의 희생을 최소화하기 위한 제도적 개혁과 혁신도 이뤄져야 한다. 시민의 적극적인 참여와 대국민 홍보 및 캠페인도 필요하다. 금연 문화가 사회 전반에 자리 잡았듯이 선순환의 기조로 전환할 수 있는 정책도 꾸준히 개발해야 한다. 지식인의 역할 또한 중요하다. 대학 교수와 연구자들이 건전한 비판과 조언을 통해 선순환으로의 전환을 선도적으로 지원해야 한다. 국회의원들은 성실한 입법 활동으로 효과적인 법률 장치를 마련하고, 행정부 관료들은 이를 효율적으로 실행하고 관리해야 한다.

사회의 악순환을 끊고 선순환으로 전환하기 위해서는 개인의 희생에만 기댈 게 아니라 모두가 무거운 사명감으로 적합한 개혁 정책을 마련하도록 각자의 자리에서 책임을 다해야 한다. 우리가 책임을 자각하고 역할을 다해 사랑과 자비와 관용의 미덕을 발휘할 때라야 악순환의 고리를 끊고 더 나은 사회로 나아갈 수 있다. 무엇보다 악순환의 고리를 끊고 발전적 미래로 향하기 위해서는 현재의 패러다임이 아닌 더 높은 차원의 새로운 패러다임 전환이 필요하며, 이를 구현하기 위한 장기적 비전과 더불어 실현할 수 있는 로드맵을 제시하고 이해관계자와 국민의 사회적 합의를 도출해야 한다. 알베르트 아인슈타인(Albert Einstein)의 "똑같은 방식으로 계속 일하면서 다른 성과를 기대하는 사람은 변화하지 않는 미친(insane) 사람"이라는 말의 의미를 되새길 때다.

제 5 장

—

사랑 없는 삶의 가벼움

—

| 인생의 최고 가치 |

사랑한다는 것은 단순히 상대에게서 무언가를 얻으려는 행위가 아니다. 사랑이란 모든 것을 주고 싶어 하는 열망에서 비롯되며, 때로는 사랑을 주고 싶으나 줄 수 없을 때의 고통으로 나타난다. 사랑은 주고받는 과정에서 자신을 발견하는 행위다. 세상을 사랑한다는 것은 모든 것을 나눠주고 마침내 자리를 비워주며 떠나는 것과 같다.

인생은 곧 사랑이다. 사랑은 자신만을 위한 것이 아니라, 자신을 넘어 타인을 위해, 세상을 위해 살아가는 삶에서 완성된다. 때로는 목숨까지 바쳐 더 큰 '선(善)'을 위해 헌신하는 삶이 사랑의 또 다른 형태다.

사랑에는 여러 종류가 있다. 열정적이고 육체적인 사랑인 '에로스(eros)', 우정과 동료애인 '필리아(philia)', 무조건적이고 이타적인 사랑인 '아가페(agape)'로 나누기도 하고, '조건부 사랑(If love/네가 ~한다면 사랑하겠다)', '이유가 있는 사랑(Because love/~때문에 사랑한다)', '무조건적인 사랑(Though love/그럼에도 불구하고 사랑한다)'도 있으며, 사랑을 붙잡으려는 욕망인 '소유'로서의 사랑과 사랑하는 대상을 자유롭게 떠나보낼 수 있고 끝까지 믿어주는 '존재'로서의 사랑으로도 구분할 수 있다.

　진정한 사랑은 한 사람에게 머무르지 않고 그 사랑을 통해 모든 세상으로 확장된다. 부모가 자식을 세상으로 내보내듯, 스승이 제자를 믿고 사회로 내보내듯, 사랑은 붙잡는 것이 아니라 떠나보내는 용기와 믿음이다. 고통받는 사람들에 대한 연민과 사랑으로 발전할 때, 사랑은 열린 사랑, 존재의 사랑으로 거듭난다. 그때 비로소 우리는 세상의 존재 의미와 진정한 사랑을 깨달을 수 있다.

　사랑이란 순간의 아름다움을 알아보는 것이다. 발밑의 낙엽, 머리카락을 흩날리는 바람, 눈부신 푸른 하늘, 얼굴에 녹아내리는 눈송이처럼. 이 모든 것은 단 하나의 유일한 존재로서 바꿀 수 없는 가치를 지닌다. 우리의 삶 속에 만나는 사람들, 아침마다 인사를 건네는 택시 기사님, 신문을 배달하는 아주머니, 블로그에 흔적을 남기는 낯선 이들, 가족, 친구, 동료, 그리고 책이나 영화 속 인물들, 이 모든 존재가 유일한 순간을 함께하며 우리의 삶의 일부가 된다. 공자는 《논어》 '위정(爲政)'에서 "군자는 자신에게서 구하고 소인은 남에게서 구한다"고 했으며, '헌문(憲問)'에서는 "군자는 자신의 처지를 하늘에 맞기고 타인을 비난하지 않는다"고 했다. 또 '팔일(八佾)'에서는 "활쏘기는 군자의 도와 비슷하니, 과녁을 맞히지 못하면 스스로를 돌아본다"고도 했다. 지혜롭고 덕이 있는 사람은 자기 자신에게는 엄격하지만, 남들에게는 아무것도 요구하지 않는다. 늘 자신의 처지에 만족하며 하늘을 원망하거나 남을 비난하지 않는다.

진정한 사랑과 현자의 자세는 자신을 돌아보고 타인과 세상을 향해 조건 없는 사랑과 연민을 실천하는 데 있다. 사랑은 머무르기 위한 것이 아니다. 사랑은 나누고 퍼져나가는 것이며, 사랑을 통해 배운 사랑을 세상과 나누는 것이 진정한 사랑이다. 소유로서의 사랑을 넘어 존재로서의 사랑으로, 에로스적인 사랑에서 필리아적인 사랑으로 발전하는 여정이 사랑의 본질이다. 헤르만 헤세(Hermann Hesse)는 소설 《크눌프(Knulp)》에서 이렇게 썼다.

난 오직 네 모습 그대로의 널 필요로 했다. 나를 대신해 넌 방랑했고, 안주하며 사는 자들에게 늘 자유에 대한 그리움을 조금씩 일깨워줘야 했다. 나를 대신해 너는 어리석은 일을 했고 조롱당했다. 네 안에서 바로 내가 조롱당했고 또 네 안에서 내가 사랑받은 것이다. 그러므로 너는 나의 자녀요, 형제요, 나의 일부다. 네가 어떤 것을 누리든, 어떤 일도 고통받든, 내가 항상 너와 함께한다.

사랑은 특정한 대상에 머물러 집착하는 것이 아니라, 그 사랑을 통해 세상을 사랑하게 만드는 동기가 될 때 비로소 진정한 사랑으로 발전한다. 영원하지 않아도 빛나는 사랑, 사랑할 때 우리는 영원히 사랑할 것처럼 사랑한다. 그러나 사랑은 때로는 시들고, 끝이 나며, 후회와 슬픔을 남기기도 한다. 이별은 우리를 아프게 하지만, 사랑의 추억이 남긴 아름다움은 사라지지 않는다. 헤어지더라도 그 사람에게서 배운 사랑으로 삶과 세상을 더욱 사랑할 수 있다면, 그 사랑은 영원히 우리의 일부로 남는다.

사랑은 성장의 원동력이다. 아이는 사랑받으며 성장하고, 어른은 사랑을 나누며 성장한다. 사랑이란 받는 것만이 아니라, 주는 것이다. 예수가 보여준 사랑처럼, 모든 것을 내어주고 떠나는 사랑이 진정한 사랑이다. 자신을 넘어, 세상을 위해, 미래와 생명을 위해, 삶을 완성하는 과정이 사랑의 가장 고귀한 모습이다.

영원과 사랑, 이 둘은 누구나 바라는 이상이다. 그러나 우리는 삶에서 영원하지 않은 것들과 사랑의 변화를 마주한다. 영원한 사랑은 한낱 환상으로 보일 때도 있다. 그러나 영원과 사랑이 믿음으로 지향되는 이상이라면, 그것이 우리에게 긍정적 영향을 미친다면, 그 믿음은 현실에 존재한다고 볼 수 있다. 영원과 사랑은 눈에 보이지 않고 손으로 잡히지 않는다. 그러나 그것이 보이고 잡히는 순간, 그것은 이미 사랑도 영원도 아닐 것이다.

우리는 사랑과 영원함이 없다고 느낄 때도 그것을 믿고 추구하며 살아갈 수 있다. 그 믿음이 우리의 삶을 풍요롭게 만들고 우리 자신을 더 나은 존재로 변화시킨다면, 그 사랑과 영원은 결국 우리 안에 존재한다고 할 수 있다. 그래서 우리는 사랑을 통해 영원을, 영원을 통해 사랑을 경험하며 살아가는 것이다. 사랑이 모든 것을 변화시키고 그 변화가 삶을 빛나게 한다는 믿음으로 살아보지 않겠는가?

라이너 마리아 릴케(Rainer Maria Rilke)는 《젊은 시인에게 보내는 편지(Briefe an einen jungen Dichter)》에서 영원을 향한 진정한 사랑은 필연적으로 후회, 슬픔, 이별, 고통을 남기지만, 그것들이 결국 사랑을 통해 영원을, 영원을 통해 사랑을 경험하는 삶의 위대한 과정이라 말하면서 우리에게 깊은 위로와 격려의 메시지를 전하고 있다.

만약 우리의 지식이 도달할 수 있는 것보다 멀리까지 내다보고 우리의 예감보다 더 앞을 내다볼 수만 있다면, 우리는 아마도 더 큰 신뢰감으로 슬픔을 기쁨처럼 견뎌낼 수 있을 것입니다. 슬픔이란 어떤 새로운 것, 어떤 미지의 것이 우리 안으로 들어오는 순간이기 때문입니다. 그 순간 우리의 감정은 깜짝 놀라 멍하니 입을 다물고, 우리 내부에 있는 모든 것이 뒤로 물러나 거기에서 고요가 생겨나며, 아무도 모르는 새로운 것이 그 가운데 서서 침묵하게 될 것입니다. (중략)

우리가 현상이라고 부르는 체험, 일테면 '영혼의 세계'나 '죽음' 따위와 같이 우리에게 몹시 친근한 이런 것들이 매일 반복되는 거부로 우리 삶에서 쫓겨남으로써, 그렇지 않았더라면 쉽게 파악할 수 있는 의미 때문에 오히려 커다란 고통을 받고 있습니다. 하물며 신에 대해서는 두말할 나위도 없겠지요. (중략)

우리는 우리의 세계를 불신할 까닭이 전혀 없습니다. 그 세계는 우리에게 적대적이지 않기 때문입니다. 그 세계가 공포스럽다면 그건 바로 우리의 공포이고, 심연을 가졌다면 그건 우리의 심연이며, 위험이 있다면 우리는 그것을 사랑하고자 애써야 합니다. 언제나 어려움을 선택해야 한다는 원칙에 따라 우리 생활을 이뤄나가기만 한다면, 지금까지는 아직 낯설게 보이는 것들도 우리에게 믿음을 주는 가장 소중한 보물이 될 것입니다.

| 줄 수 있는 곳이 있어야 할 곳 |

직장생활을 하다 보면 문득 이런 생각이 들 때가 있다.

'여기가 정말 내가 있을 곳인가?'

우리 각자는 자신이 일해야 할 곳, 머물러야 할 자리에 대한 고민을 안고 살아간다. 나 역시 그 물음 속에서 헤매며 답을 찾으려 애썼다. 그러나 솔직히 말해, 지금도 명확히 알지는 못한다. 내가 있어야 할 자리가 어디인지.

하지만 한 가지 확실한 사실이 있다. 어떤 일을 하든 그곳에서 신체가 건강해지고, 정신이 자유로워지고, 마음이 맑아지고, 삶이 풍요로워진다면, 또 이상을 꿈꾸고 그것을 향한 열정을 키워가며 자신의 잠재력을 발견하게 된다면, 그곳이야말로 내가 있어야 할 자리라는 것이다.

사람과의 만남, 사랑의 선택도 비슷하다. 여기서 말하는 사랑은 에로스의 열정어린 사랑과 필리아의 깊은 우정을 포함한다. 물론 사랑은 종종 고통과 아픔을 동반한다. 때로는 시간과 공간의 제약으로 인해 어려움도 따르지만, 그 만남 속에서 마음이 감동으로 차오르고 삶의 의미를 발견하며, 영혼 깊은 곳에서 아름다운 울림과 공명을 느낄 수 있다면, 나아가 모든 존재를 사랑하고 이

삶이 의미를 잃기 전에

해할 수 있는 경지에 다다른다면, 바로 그 사람이 당신이 만나야 할 사람이고 사랑해야 할 사람이다.

하지만 젊은 시절의 기준이 나이가 들어서도 유효한 것은 아니다. 시간이 흘러감에 따라 우리 삶의 기준도, 가야 할 자리도, 만나야 할 사람도 달라진다. 나이가 들수록 우리는 받는 사람이 아니라 주는 사람으로 살아가야 한다. 나이 들었다면 이제는 젊은 사람들, 주변 사람들, 사랑하는 이들에게 신체적·정신적 에너지를 나눠주고, 그들의 이상과 열정을 북돋우며, 잠재력을 깨우고 삶을 풍요롭게 만들어 줄 수 있는 곳에 있어야 한다.

우리가 만나야 할 사람 역시 마찬가지다. 그들이 일시적으로 고통이나 아픔을 줄 수 있을지라도 그 고통을 승화해 감동과 기쁨으로 마음을 채워주고, 삶의 의미를 깨닫게 해주며, 영혼의 깊은 공명을 일으킬 수 있다면, 더 나아가 모든 존재를 사랑하고 이해하는 마음을 열어준다면, 그 사람이야말로 당신이 줌으로써 사랑해야 할 사람이다.

나이가 들수록 성장의 방향은 바뀐다. 받는 것에서 성장하던 시절을 지나, 이제는 진정한 나눔을 통해 자신이 커가는 경험을 하게 된다. 줄 수 있는 사람을 만나는 것도 중요하지만, 스스로 줄 수 있는 사람이 돼야 한다. 지금 있는 자리에서, 지금 만나는 사람들과 함께 이런 가치를 지향하며 살아간다면, 여러분은 이미 나눔의 중심에 서 있는 것이다.

그곳에서 함께하는 이들과 영혼의 공명을 이루게 될 것이다. 나눔의 자리에서 신의 존재를 체험하게 될 것이며, 그로 인해 삶의 본질적인 기쁨과 충만함을 깨닫게 될 것이다. 받는 것이 아닌 줄 수 있는 삶. 여러분이 그런 삶을 살기를, 나 또한 그런 삶을 살기를 진심으로 희망한다.

│ 나눔으로 이어지는 사랑의 진화 │

여러분과 똑같은 존재가 어느 시대 어느 우주에서 살고 있다고 상상해보자. 그 존재는 여러분보다 못할 수도 있고 여러분보다 훨씬 훌륭할 수도 있을 것이다. 인간은 환경의 영향을 받는 존재다. 그 차이는 각자가 적응한 환경에 따른 진화의 결과다. 동일한 환경에서 동일한 진화를 거쳤다면 신체와 생리가 같은 존재가 탄생했겠지만, 우주 안에서 지구와 완전히 똑같은 환경을 가진 행성은 없다고 봐도 무방하다. 지구와 다른 환경의 행성에서 진화했다면 인간과는 전혀 다른 신체와 생리를 가진 존재가 살아가고 있을 것이다. 지구에서도 마찬가지다. 과거, 현재, 미래에 나와 같은 존재는 없다. 나는 단 하나뿐인 유일한 존재다.

우주에서 유일한 우리 삶의 목적은 무엇일까? 단 한 번뿐인 이 특별한 우리는 자신의 고유한 의미와 가치를 추구하며 살아야 한다. 그 여정 속에서 자기 자신을 완성해나가는 것이다. 그런데 여전히 질문이 남는다. 만약 내 정신이 다른 신체에 이식되고 내 육체가 또 다른 정신과 결합할 수 있다면 유일성은 없는 게 아닐까? 또는 이성, 감성, 사회성, 영성 등이 분리될 수 있다면? 그렇다면 존재의 연속성은 어떻게 정의할 수 있을까? 흔히 말하는 영혼은 과연 어디에 깃들어 있는 걸까? 이런 의문을 신의 눈으로 보면 또 어떻게 해석될까?

46억 년 전 지구가 형성됐고 약 43억 년 전 생명이 태동했다. 유기물질 농축으로 세포막이 출현했으며, RNA와 DNA가 자가 복제를 시작하면서 약 38억 년 전 최초의 원핵생물이 탄생했다. 이후 세포분열을 거듭하며 진화한 생명체들이 다양한 동식물로 발전했다. 인간은 이와 같은 진화 과정을 거치면서 지구에서 독보적인 존재로 자리 잡았다. 다른 동물들이 신체적 형태에 머무는 동안 인간은 정신적 성장과 사회적 관계를 통해 유일성을 극대화했다. 인간이 저마다 자신만의 삶을 성찰하고 남기는 문자, 음성,

영상 기록은 후대에도 계속 영향을 미친다.

　이제 다시 질문을 던져보자. 현재의 인간이 과연 가장 월등한 존재일까? 아니면 진화는 더 이상 일어나지 않고 멈출까? 그것도 아니면 오히려 퇴보하고 있는 걸까? 로봇이 신체를 대신하고 AI가 정신을 대신하는 시대가 빠르게 다가오고 있다. 이런 변화 속에서 인간의 신체적·정신적 기능은 퇴화할 가능성이 높다. 기계 문명의 발달은 인간이 살아가는 환경을 더 안전하게 만들겠지만, 생명의 위협이 약화한 만큼 진화의 동력도 약해질 수밖에 없다.

　그러는 인간의 진화는 이대로 끝나는 걸까? 그렇지 않다. 인간은 신체적·정신적 존재임과 동시에 사회적·영적 존재다. 인간이 계속 간직하고 발전시키는 사회적 관계와 영적인 추구야말로 다른 방향의 진화로 이끌어갈 힘이다. 이기적 유전자를 극복해 사회적·영적 역량을 강화한다면 인간은 전지구적 존재를 넘어 우주적 존재로 거듭날 수 있다. 바로 우주에서 가장 위대한 생명체, 신적인 존재로 진화해야만 인류는 소멸하지 않고 번영을 누릴 수 있다. 인간은 나눔을 실천하는 존재다. 우리는 죽는 순간까지 자신의 물질, 시간, 생명을 나누며 살아간다. 이 나눔의 가치와 의미는 사람마다 다르겠지만, 자신의 삶을 온전히 우주를 위해 바칠 때 우리는 단순한 생명체를 넘어 우주적 존재, 신적인 존재로 진화할 것이다.

인간은 누구나 자신만의 의미와 가치를 가진 존재다. 우리의 삶은 오직 하나뿐인 유일한 이야기이며, 그 삶의 의미와 가치가 우리 자신의 전설이 된다. 그 전설은 자식들에게는 부모의 전설이 되고, 가족의 전설이 되며, 세상에 남겨진 이야기가 된다. 그러니 자신의 삶을 살아가며, 나만의 의미와 가치를 완성해나가자. 이는 우주 속의 단 하나뿐인 존재로서 살아가는 우리의 이유이자 사명이다.

| 이타적 유전자 |

인간의 위대함은 우리의 신체적 생리와 행동이 '이기적 유전자'에 의해 설계됐는데도 불구하고 우리 자신의 의지로 타인을 배려하고 희생할 수 있다는 점에 있다. 누구나 삶에서 고통을 겪는다. 하지만 인간은 자신의 고통에만 머무르지 않고 타인의 아픔에도 공감하며 함께 아파할 수 있는 존재다. 우리는 이런 공감 능력으로 단순한 이기적 생존 본능을 넘어서 고통을 성장 과정으로 받아들이고 사랑으로 승화시킬 수 있다. 인류가 자연의 온갖 위협 속에서도 생존하고 번영한 것도 바로 이와 같은 이타적인 인간애 덕분이었다.

리처드 도킨스는 '이기적 유전자'로 인간의 생물학적 진화를 경쟁 관점에서 설명했지만, 동시에 문화적 유전자 '밈(meme)'도 이야기했다. 인류는 이타적 밈을 통해 문화를 형성해왔다. 인간은 그저 생존만을 위해 존재하지 않고 우주의 존재를 성찰하며 자신을 넘어 더 큰 의미를 추구한다. 그리고 이 과정에서 기꺼이 자신을 희생할 신념을 갖는다. 우리는 이타적 밈을 통해 미래와 소통한다. 미래는 그것을 받아들일 수도 있고 거부할 수도 있지만, 결국 선택을 통해 새로운 방향을 만들어갈 것이다.

삶에서 중요한 것은 성공이나 실패가 아니다. 사랑이다. 사랑으로 이어지는 삶이 가장 중요하다. 우리는 수많은 실패와 성공 속에서도 사랑을 통해 이타적 유전자로 남겨진다. 우리는 이기적 유전자로 물질적 불멸만을 꿈꾸는 게 아니라 이타적 밈으로 정신적 불멸도 지향한다. 나는 누구를 위해 봉사하는가? 원소, 유전자, 세포, 조직, 기관으로 이루어진 '나'는 인간을 위해, 나아가 인간을 넘어 세상과 우주와 신을 위해 봉사하는 존재다. 그래서 신을 닮아가고, 우주의 지배자가 아닌 우주를 사랑하는 신이 되고자 하는 위대한 존재다.

삶이 의미를 잃기 전에

인간은 입으로 음식을 먹어 생명을 유지할 뿐 아니라, 호흡으로 지구의 공기와 연결되고, 감각으로 타인과 교류하며, 정신적·사회적·영적 소통으로 세상과 교류한다. 우리는 이미 인류를 넘어 세상과 우주와도 하나의 공동체를 이루고 있다. 전혀 다른 존재들과 교류하고 있다는 사실 자체가 기적이다. 게다가 인간에게는 세상을 더 나은 방향으로 이끌어 갈 힘이 있다. 생명이 탄생하고 진화해 현재에 이르렀듯이, 미래 또한 선한 방향으로 발전하리라는 믿음이 그 모든 것을 가능케 한다. 그렇기에 인간은 자신 안에 들어온 모든 존재를 받아들이고, 용서하며, 사랑을 통해 변화된 자신을 발견한다. 우리 안에 있든 밖에 있든 간에 모든 존재는 의미를 지닌다. 우리는 모든 것과 조화를 이루면서도 유일한 존재로 세상을 사랑하는 법을 배울 수 있다.

그러나 이와 같은 보편적 가치, 즉 인류애와 모든 존재에 대한 배려와 사랑을 공유하지 않는 일부 상류층이 인류가 쌓아온 유산을 독점하고 있다. 자본의 논리에 따라 움직이는 세계에서 그들은 인류를 책임질 자격 없이 문화와 유산을 남용한다. 인류가 도전과 교류를 통해 발전시킨 결과물을 소수의 손에 맡겨서는 안 된다. 빈부 격차와 지위 고하에 상관없이 모든 인류가 공동체로서 이를 공유할 수 있어야 한다. 자본과 유산은 소수가 아닌 인류 전체의 것이다. 그럴 때 우리는 인류 문명과 우주의 무한한 가능성을 온전히 펼쳐낼 수 있다.

│ 사랑이 세상의 중심 │

호랑나비 애벌레를 키우며 겪었던 경험은 사랑, 책임, 소유에 관해 많은 것을 돌아보게 했다. 처음 애벌레를 발견하고 돌보며 그 작은 생명에서 아름다운 나비로 변하는 과정을 목격하는 것은 경이롭고 감동적인 일이었다. 그렇지만 그 과정에서 생명을 단순히 관찰하고 사랑하는 것만으로는 충분하지 않다는 사실 또한 깨달았다.

번데기를 찢고 나온 호랑나비는 날개를 펼치고 자유롭게 날아가기를 기대하는 듯 꼼지락거렸지만, 나는 내가 나비에게 필요한 도움을 충분히 주지 못했음을 나중에야 알게 됐다. 나비가 날갯짓을 시작할 때의 연약함과 스스로 먹이를 찾아 날아갈 수 있을 때까지의 시간이 얼마나 중요한지 그때는 미처 알지 못했다. 그 호랑나비는 결국 날지 못했다. 사랑이란 단지 그 존재를 지켜보며 소유하지 않는 데서 끝나지 않는다. 그 존재가 본래의 모습과 가능성을 온전히 발휘할 수 있도록 돕는 적극적인 책임이 따라야 한다. 나비의 자유를 존중한다는 명목으로 아무런 도움을 주지 않았던 내가 오히려 나비의 생존을 위협한 셈이었다.

소유하지 않음만으로도 충분하지 않다. 흔히 우리는 소유하지 않는 게 멋진 사랑이라고 여기곤 한다. 그러나 사랑은 그저 집착을 버리는 것에 머물지 않는다. 진정한 사랑은 생명이 가진 본질과 개성을 이해해 자유롭고 충만하게 발휘될 수 있도록 돕는 일이다. 잠자코 방임하거나 멀찍이 서서 기대만 하는 것과는 다르다.

나는 애벌레 때부터 키워왔다는 책임을 잊은 채 호랑나비가 스스로 날아가리라고 생각했다. 나비가 필요한 것들에 무관심했고 적절하게 돕지 못했다. 생명에 대한 사랑은 소극적인 관찰이 아니라, 적절한 지원과 참여로 그 생명이 본래의 아름다움을 펼칠 수 있게 하는 적극적인 사랑이어야 함을 그제야 알았다. 그때의 경험으로 나는 사랑이란 바라보고만 있는 게 아닌, 할 수 있고 해야 할 책임을 다해 그 존재가 자기답게 살아가도록 힘을 더해주는 것임을 배울 수 있었다.

호랑나비와의 짧은 인연은 인간관계와 관련해서도 깊은 교훈이 됐다. 우리는 타인이나 세상에 대해 '알아서 잘 살고, 알아서 잘 돌아가겠지' 생각하지만, 때로는 날개를 활짝 펴고 날아갈 수 있도록 적극적인 도움과 관심을 보여야 한다. 나는 이제 더 이상 누군가의 성장과 자유를 단순히 바라보며 방치하지 않는다. 사랑이란 그 존재를 위해 내가 무엇을 할 수 있는지를 묻는 적극적인 실천임을 잊지 않을 것이다.

오래전 부산에 강의하러 내려갔다가 마침 부산국제영화제가 열리고 있어서 한 편 관람했는데, 그 영화가 〈세상의 중심에서 사랑을 외치다(Crying Out Love In The Center Of The World)〉였다. 누구에게나 있었을 법한 첫사랑의 추억과 회한 그리고 그리움으로 가득 찬 이야기였다. 첫사랑의 아픔과 아련함을 떠올리게 하는 영화는 우리의 영혼에 스며들어 잊고 있던 사랑의 흔적들을 되살려준다. 영화가 그리는 사랑의 풍경은 단순히 아련한 감정만이 아니라, 우리 삶을 더욱 풍요롭게 하고 존재의 가치를 되새기게 한다.

세상의 중심은 어디일까? 영화 속 주인공은 '세상의 중심', '지구의 배꼽'이라고 불리는, 호주 원주민이 '울루루(Ulruru)'라고 일컫는 에어즈락(Ayers Rock)를 찾아 떠난다. 하지만 나는 이 영화를 보고 난 뒤 세상의 중심이 특정 장소가 아니라는 진실, 세상의 중심은 바로 내가 있는 곳이며 사랑하는 사람을 기억하고 그 사랑으로 살아가는 나 자신이 있는 자리라는 진실을 깨달았다. 사랑했

삶이 의미를 잃기 전에

던 사람과의 기억, 그 사랑이 내 안에 살아있다고 믿는다면, 그곳이 바로 세상의 중심이다. 《어린 왕자》에서 여우가 말해준 비밀을 떠올려보자.

"내 비밀은 이런 거야. 아주 단순해. 오로지 마음으로만 봐야 잘 보인다는 거야. 가장 중요한 건 눈에 보이지 않는단다."

떠나간 사랑은 눈에 보이지 않기에 더 아름답다. 그리고 그 사랑이 남긴 흔적은 세상을 사랑하게 만드는 힘이 된다. 사랑하는 사람이 곁에 없더라도, 그 사랑으로 세상을 더 큰 마음으로 품고 살아갈 수 있다면, 바로 그 자리가 세상의 중심이다.

사랑은 영원하지 않을지도 모른다. 그러나 사랑이 우리에게 가르쳐준 것은 영원히 남는다. 사랑은 행동이다. 진정한 사랑은 말이 아니라 행동으로 증명된다. 우리가 사랑하는 사람과의 헤어짐으로 슬퍼하거나 그 삶을 부정하지 않고, 오히려 사랑이 남긴 흔적을 통해 세상을 더 큰 사랑으로 바라볼 수 있다면, 그 사랑은 영원하다.

헤어진 사랑을 회상하며 후회와 슬픔에 머무르는 대신, 그 사랑이 준 깨달음으로 세상을 더 깊고 넓게 사랑할 수 있다면, 우리는 사랑을 통해 성장한 것이다. 사랑할 때 느꼈던 첫 마음으로 살아가며, 그 사랑이 가르쳐준 용기로 세상을 살아가자. 그리고 전보다 더 큰 사랑으로 세상을 품어보자.

2005년 9월 18일, 미국에 도착한 지 약 20일 만에 맞이한 추석은 내게 잊을 수 없는 날로 남아 있다. 휴스턴에서 유일한 한인 성당에서의 추석 미사는 고국을 떠나 타지에서 보낸 첫 명절을 특별한 경험으로 만들어줬다. 미사가 한창이던 중 봉헌 예절 시간이 찾아왔다. 모두 숙연한 마음으로 돌아가신 조상과 사랑하는 이들을 위해 분향을 올리고 있었다. 그 순간 한복을 곱게 차려입은 여성이 해금을 연주하기 시작했다. 익숙한 선율이 공기를 채우자, 머릿속에서 노랫말이 자동으로 떠올랐다. 아리랑, 아리랑, 아라리오. 아리랑 고개를 넘어간다. 나를 버리고 가시는 임은 십 리도 못 가서 발병 난다.

고려 시대 우리나라에 전해진 해금은 대나무 뿌리에 오동나무를 댄 공명통과 두 줄의 명주실이 전부인 찰현악기다. 그런데 놀랍게도 활대를 당기고 미는 단순한 동작만으로도 깊은 울림을 자아낸다. 그날의 해금 연주는 단순함도 넘어섰다. 단순한 선율이 아니라 듣는 이들의 마음속으로 곧장 스며들어 사람이 가진 모든 감정을 끌어냈다. 아리랑 선율은 성당에 모인 이들의 심금을 울렸고, 눈물을 훔치는 사람들의 모습도 곳곳에서 보였다. 나 또한 예외가 아니었다. 그때 느낀 감정은 고향을 향한 그리움 같은 게 아니었다. 그보다 더 넓고 깊은 뭉클함이었다. 어쩌면 한국인으로서 공유하는 말로써 형언하기 어려운 보편적 정서가 작용했을 것이다. 나는 이 또한 사랑이라고 생각한다.

해금 선율에 맞춰 아리랑을 따라 부르고 싶었으나 목이 메어 아무 소리도 낼 수 없었다. 눈물이 쏟아질 것 같은 마음을 애써 다잡으며, 돌아가신 할머니 그리고 젊은 날 암으로 세상을 떠난 누님과 뺑소니 교통사고로 유명을 달리 한 동생을 떠올렸다. 이들의 삶과 죽음을 마음속으로 되새기며 정성스럽게 분향을 올렸다. 나와 같은 정서를 공유하는 모든 이들과 보이지 않는 연결고리가 느껴졌다. 그 울림은 단순히 내 삶 속 하루의 기억으로 머물지 않고, 나 자신을 근본적으로 돌아보게 한 결정적 순간으로 남았다.

│ 시간을 넘어선 사랑, 죽음을 넘어선 의미 │

20년 전에 관람했던 로맨스 영화 〈이프 온리(If only)〉를 OTT 서비스로 다시 봤다. 그때 이 영화를 보기 전까지는 상투적인 사랑 이야기에 현실에서는 불가능한 타임 리프(time leap)를 섞은 상업 영화라고만 생각해서 별다른 기대를 하지 않았었다. 그런데 보통 영화가 아니었다. 진정한 사랑이란 무엇인지 생각하게 만드는 신선하고 속 깊은 영화였다.

　매일 일에 치여 사는 영국 출신 사업가 이안(Ian)과 감성적이고 사랑이 넘치는 바이올린 연주자 사만다(Samantha). 두 사람은 연인이다. 평소 이안은 사만다를 소중히 여기지 않고 그녀의 사랑을 당연하게 받아들인다. 어느 날 두 사람은 사소한 문제로 크게 다투고는 냉랭한 분위기 속에서 헤어진다. 하지만 그날 밤 불행히도 사만다가 교통사고로 세상을 떠난다. 이안은 후회와 절망 속에 울부짖다가 잠이 든다. 다음 날 아침, 이안은 사만다의 목소리를 듣고 잠에서 깨어난다. 이안은 어찌 된 영문인지 몰라 당황해하지만 이내 그 전날이 꿈이었다고 결론 내린다. 그런데 사실은 사만다의 마지막 하루를 곁에서 다시 살 기회를 얻은 것이었다. 이안은 그녀를 더 깊이 사랑하고, 소중히 여기며, 후회 없는 하루를 만들기로 결심한다. 사만다와 함께 특별한 하루를 보내고 사랑을 마음껏 표현한다. 하지만 시간이 흐르면서 운명을 바꿀 수 없음을 직감한 그는 그녀를 대신해 희생하는 길을 선택하게 된다. 결국 이번에는 이안이 교통사고를 당하고 사만다가 살아남는다. 그렇게 이안은 마지막 순간까지 사만다를 사랑하고 그녀에게 진정한 사랑을 남긴 채 떠난다.

이 영화는 "사랑하는 사람을 당연하게 여기지 말라"는 메시지를 전하면서 "만약 다시 기회가 주어진다면 어떻게 할 것인가?"라는 질문을 던진다. 이안은 마지막 순간 자신의 모든 사랑을 담아 스스로 희생한다. 영화를 본 사람들은 자신의 모든 것을 바쳐서 정해진 운명을 바꾼 진정한 사랑이 최고의 선물이었다고 생각할지도 모르겠다. 그러나 나는 그렇게 생각하지 않는다.

만약 그렇게 운명을 바꾼들 이안이 먼저 세상을 떠난 뒤 사만다에게 남은 것이라곤 삶에 대한 회의와 절망뿐이라면, 그래서 그녀 역시 스스로 목숨을 끊거나 뒤바뀐 운명을 받아들이지 못하고 미움과 갈등 속에서 사랑과 삶의 의미를 깨닫지 못한 채 살아간다면, 이안이 운명을 바꾼 게 정말로 그녀를 향한 사랑의 선물이 될 수 있을까?

이안은 사만다의 운명을 바꾸고자 애썼지만, 매번 반복되는 그녀의 죽음을 막을 유일한 방법은 자기가 대신 죽는 것밖에 없다는, 자신의 운명을 바꿀 수밖에 없다는 깨우침을 통해 진정한 사랑이 무엇인지를 그녀에게 가르쳐준 것이었다. 그렇게 자신이 떠난 후에도 그녀가 여전히 세상을 사랑하고 삶을 아름답게 살아갈 수 있도록 사랑하는 법을 깨우쳐준 것이었고 그것이 바로 최고의 선물이었다. 사랑하는 사람의 죽음이 반복되는 상황을 겪으며 이안이 깨닫게 된 진실은 자신의 목숨을 바치지 않고서는 절대로 운명을 바꿀 수 없다는 것이었다. 그와 같은 절실한 상황에서 기꺼이 운명을 바꾸는 결정과 행동을 할 수 있는 사랑, 상대방을 위해 자신의 생명까지 바쳐서 기어이 운명을 변화시키는 힘이 바로 사랑이다. 하지만 그런 사랑이 일방적으로 끝나고 만다면 진정한 사랑일 수 없다. 그 사랑이 머물지 않고 또 다른 존재에게 이어져 또다시 사랑하는 법을 깨우쳐야만 진정한 사랑이다. 달리 말해 세상에 남겨진 사람들이 감당해야 할 삶의 무게를 이겨낼 수 있어야 사랑이다. 사랑의 대상이 연인이든 자식이든 이웃이든 뭐든 다 마찬가지다. 소크라테스(Socrates)의 진리에 대한 사랑이 그랬듯, 예수의 인류에 대한 사랑이 그랬듯, 이순신 장군의 백성을 위한 사랑이 그랬듯, 안중근 의사와 수많은 독립운동가의 조국을 위한 사랑이 그랬듯 말이다.

삶과 죽음에 관해 깊이 생각하게 해준 두 위대한 인물의 무덤을 찾은 적이 있다. 한 사람은 앞서 언급한 레프 톨스토이이고, 또 한 사람은 빅터 프랭클(Viktor Frankl/빅토르 프랑클)이다. 지인인 우윤근 전 국회의원이 주러시아 대사로 있을 때 휴가를 내어 모스크바(Moscow)를 방문한 적이 있다. 그때 톨스토이 생가가 있는 야스나야폴랴나(Yasnaya Polyana)를 찾았다. 우윤근 대사가 무덤 주변

삶이 의미를 잃기 전에

에 당황스러울 정도로 아무것도 없어서 지나칠 수 있으니 잘 살펴야 한다고 귀띔해줬다. 생가를 둘러본 뒤 안내 표지가 가리키는 방향으로 오솔길을 걸었다. 그의 말대로 톨스토이 무덤에는 아무런 비석도 표식도 없었다. 그저 길옆에 무덤만 덩그러니 홀로 있었다. 자연으로 돌아가고자 했던 그의 뜻에 따른 것이었다고 한다. 그 모습에 나는 오히려 경이로움을 느꼈다.

빅터 프랭클은《죽음의 수용소에서(Man's Search for Meaning/삶의 의미를 찾아서)》로 유명한 오스트리아의 정신의학자다. 제2차 대전 당시 나치 아우슈비츠(Auschwitz) 수용소에서 살아남은 경험을 토대로 심리 치료 요법 중 하나인 '로고테라피(logotherapy/의미 치료)'를 창안한 인물이기도 하다. 오스트리아 빈(Wien)에서 열린 국제학술대회에 참석한 뒤 귀국하던 날 중앙묘지를 방문했다. 베토벤(Ludwig van Beethoven), 슈베르트(Franz Peter Schubert), 요한 슈트라우스(Johann Strauss II)의 무덤이 있어서 유명한 곳인데, 나는 이들 위대한 음악가보다는 빅터 프랭클의 무덤을 보고 싶었다. 찾기 쉽지 않았으나 결국 인터넷에서 본 빨간 지붕 건물이 나타났다. 비행기 탈 시간이 얼마 남지 않은 터라 초조한 마음으로 탐정 수사를 하듯 그 구역을 빠르게 뒤졌다. 그렇게 마침내 빅터 프랭클의 무덤을 찾아냈다. 귀하디귀한 보물을 발견한 기분이었다.

레프 톨스토이는 생애 마지막 장편소설《부활(Voskresenie/ Resurrection)》에서 윤리적·영적 변화를 통해 새로운 삶을 살아가는 진정한 의미의 부활, 즉 인간의 내면적 성숙을 강조했다. 빅터 프랭클은 나치 수용소 생활의 경험을 통해 극한의 상황에서도 인간은 삶의 의미를 찾을 수 있다고 역설했다. 나는 젊은 날 누님의 죽음을 계기로 의사가 된 것이 삶과 죽음의 의미를 찾아가는 과정이었음을 이 두 인물을 통해 깨달았다. 그때 나는 두 사람의 무덤 앞에서 각각 이렇게 물었다.

'당신은 어떤 생각으로 사셨습니까?'

'당신이 내게 남긴 의미는 무엇일까요?'

이 두 사람의 삶을 통해 나는 살면서 수많은 위기를 극복했고 방향을 찾았다. 그렇기에 이들은 죽어서도 내 삶 속에 살아있다. 과거의 누군가와 그리고 미래의 누군가와 대화할 수 있다면, 우리는 서로 연결돼 그들의 삶과 우리의 삶에 모두 의미를 찾을 수 있다. 그들의 의미가 우리의 의미가 되고 우리의 의미가 또 누군가의 의미가 될 것임을 믿으며 열심히 삶을 사는 것이다.

삶이 의미를 잃기 전에

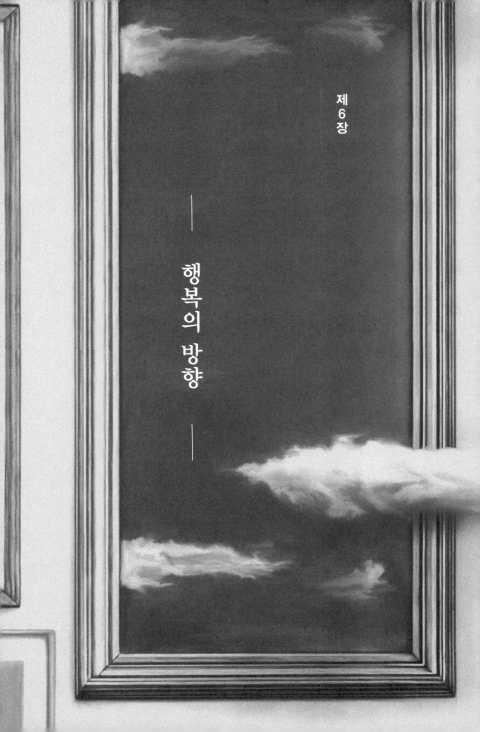

제6장

─

행복의 방향

─

| 행복한 삶은 방향이 있다 |

아직 오지 않은, 내 인생에서 가장 행복한 순간은 언제일까? 하지만 미래의 행복을 기다리느라 오늘의 행복을 미뤄서는 안 된다. 오늘이라는 시간은 더 이상 반복되지 않을 단 한 번뿐인 유일한 순간이기 때문이다.

만약 지금까지 행복할 일이 없었다고 생각한다면, 과거를 돌아보며 감사했던 일, 의미 있었던 일, 그리고 다른 사람에게 행복을 줄 수 있었던 일을 떠올려보자. 인간은 단순히 오감에서 오는 감각적인 자극만으로 행복감을 느끼는 것이 아니다. 지나간 일에도 의미를 부여함으로써 행복을 느낄 수 있다.

마찬가지로 아직 일어나지 않은 미래에 대한 기대만으로도 행복감을 느낄 수 있다. 인간은 과거의 기억으로부터도, 미래의 기대 속에서도 행복을 찾을 수 있다. 그리고 이 행복감은 오감에서 오는 단순한 기쁨과 비슷하거나 더 깊을 수 있다. 그렇기에 우리는 미래의 행복을 위해 오늘의 경험과 성취를 미뤄서는 안 된다. 나중의 경험과 성취는 지금의 것과는 완전히 다른 것이며, 그날이 올지도 불확실하기 때문이다.

인생에서 기적은 단순히 운으로만 이뤄지지 않는다. 꿈을 갖고

　　　　　　　　삶이 의미를 잃기 전에

뜻한 바를 포기하지 않은 채 지속하다 보면, 과거의 삶에서 맺어진 인연과 도움들이 모여 기적을 가능하게 만든다. 인간은 건강한 삶을 살아야 하지만, 결국 죽음을 향해 가는 운명을 지닌 존재다. 이 운명 속에서 우리는 삶과 죽음 그리고 그 사이에서 행복과 의미를 고민하게 된다. 고대 이집트인들은 죽은 이의 영혼이 하늘에 가면 신으로부터 두 가지 질문을 받는다고 믿었다. 첫 번째 질문은 "당신은 인생에서 행복을 찾았는가?"이고 두 번째 질문은 "당신의 인생은 다른 사람에게 행복을 가져다주었는가?"였다. 이 두 질문의 답변에 따라 천국과 지옥이 결정됐다.

어떻게 살아야 의미 있고 가치 있는 삶을 살 수 있을지, 어떻게 아름다운 인생을 만들어갈 수 있을지를 고민하지 않을 수 없다. 우리는 자신의 행복을 찾는 동시에 다른 사람들에게도 행복을 줄 수 있는 삶을 살아야 한다. 그렇게 살아갈 때 인생은 단순히 개인적인 만족을 넘어 더 큰 의미를 갖게 된다.

만약 우리가 다른 사람에게 행복을 줄 수 있는 삶을 살아가면서 스스로 행복을 찾을 수 있다면, 천국으로 향하는 두 가지 행복의 조건을 모두 충족할 수 있지 않을까? 설령 우리가 세상을 살아가며 실수하고 죄를 지었다 하더라도, 인생에서 행복을 찾고 다른 사람을 행복하게 했다면 잘못이 용서받고 천국으로 갈 수 있을지도 모른다. 내 삶이 누군가에게 작은 희망이라도 줄 수 있다면 그 것만으로도 충분히 의미 있는 삶이라고 말할 수 있을 것이다.

인생의 목표를 행복이라고 생각하는 사람들이 많다. 행복이란 무엇일까? 사전적 정의로 행복은 "생활에서 충분한 만족과 기쁨을 느끼어 흐뭇함, 또는 그런 상태"다. 하지만 행복이 인생의 일차적인 목표일까, 아니면 목표가 달성됐을 때 얻어지는 이차적인 결과일까? 사람마다 인생에 대한 가치관은 다를 수 있지만, 나는 인생의 목표가 '뜻이 있는 삶', '의미 있는 삶'이라고 생각한다. 그리고 그런 삶을 살거나 살아냈을 때 얻게 되는 결과가 행복이라 믿는다.

그 행복은 즉각적으로 찾아올 수도 있지만, 많은 시간이 지난 후에야 비로소 결과로 나타날 수도 있다. 혹여 행복이 삶 속에서 즉각 성취되지 않더라도, 나는 '뜻이 있는 삶', '의미 있는 삶'을 위해 노력할 가치가 있다고 생각한다. 우리는 어떤 삶을 살아야 할까? 바람직한 삶이란 무엇일까? 늘어난 삶을 어떻게 살 것인가? 고민하지 않을 수 없다.

현대 사회는 생활환경 개선과 의료 발전으로 삶의 기간이 길어졌다. 그 옛날 산업 혁명 이래 기업이 늘고 일자리가 많아지면서 개인의 수입도 높아졌다. 이로써 생활 수준이 향상되고 시간을 절약할 수 있게 된 것처럼 보였다. 그런데 현실은 달랐다. 업무량과 강도가 커지면서 일과 대인관계에서 비롯된 스트레스도 커졌고 이 때문에 많은 사람이 우울증을 겪게 됐다. 스트레스를 해소하는 과정에서 유흥과 오락 등 소비 욕구도 강해졌다. 많은 사람이 늘어난 시간을 어떻게 보내야 할지 몰라서 개인적인 행복만 좇아 수동적인 방식으로 시간을 소비하며 낭비적인 삶을 살고 있다. 업무 기술 향상과 자동화로 여가를 즐길 시간은 늘었지만, 그 시간을 누리거나 업무 때문에 받은 스트레스를 해소하기 위해서라도 다시 돈을 벌어야 한다. 기업들은 늘어난 시간과 돈을 빠르게 소비하도록 제품과 서비스를 끊임없이 제공하고, 사람들은 업무와 인간관계로 생긴 스트레스를 풀고자 제품과 서비스를 구매함으로써 그들의 의도에 부응한다.

스트레스를 해소하기 위한 소비와 그 소비를 유지하기 위한 업무의 반복 속에서 우리는 또다시 스트레스에 노출된다. 소비를 위해 돈을 벌고 스트레스가 쌓이면 그 스트레스를 풀기 위해 다시 소비하는 악순환 속에 갇힌 것이다. '직장생활(자영업)―스트레스―소비―지출―시간 낭비(시간 때우기)―소득 필요―직장생활(자영업)'로 이어지는 무한 반복의 악순환이다. 이 과정에서 우리는 무료함과 무의미함의 고통을 피하려고 분주히 시간을 흘려보내거나 말초적인 자극만 추구하는 수동적인 존재로 격하하고 있다. 그러나 이는 온전한 삶을 위한 생산과 소비가 아닐뿐더러 창의적 활동이 배제된 소비와 망각을 통한 일시적 회피일 뿐이다. 늘어난 삶이 허송세월로 소비만 증가시키고 지구와 인류에 부담만 가중한다면 진정한 삶이 될 수 없다.

삶이 무한정 늘어나는 게 바람직할까? 그저 하루하루를 무의미하게 사는 것이 과연 어떤 의미가 있을까? 늘어난 삶을 감당하기 어려워 상처받을 게 아니라, 개인의 행복을 위해 소유물을 낭비하며 쓰는 대신 나누고 베푸는 삶을 통해 행복을 찾아야 한다.

오늘날 사회는 소비를 조장하고 지루한 시간을 재미로 채우도록 부추긴다. 대개 사람들은 그 재미를 위해 소비하고 이를 위한 돈을 벌고자 직장에 다니거나 자영업을 한다. 일이 자아실현이나 자기초월의 기회가 아닌 소비를 위한 수단으로 전락하기 쉽다. 하지만 우리는 소비와 재미를 위한 삶을 넘어 자신을 위해서가 아니라 이웃, 인류, 지구 공동체를 위한 삶을 살 수 있다. 이를 통해 의미와 가치를 찾는 삶을 실현할 수 있을 것이다. 물론 이런 삶의 선택은 개인의 다양성과 고유성을 존중해야 한다.

상처받는 영혼은 없다. 상처받는 몸과 마음만 있다. 인간에게 가장 큰 위기는 두려움에서 시작된다. 과거에는 생존의 두려움이었지만, 현재는 실존의 두려움으로 변했다. 열등감과 질투는 두려움에서 시작해 증오로 악화하고 결국 파멸을 초래한다. 존재의 두려움으로 인해 사랑이 증오로 변하는 순간 창조는 파괴로 돌변한다. 이런 증오를 넘어설 방법은 용서와 배려, 이해와 용기의 영혼을 키우는 것뿐이다.

　우리는 사랑과 용서의 영혼을 키워야 한다. 과거에 증오했던 대상이라 할지라도 용서하고 공존하며, 함께 성장하고 번영할 수 있는 세상을 만들어야 한다. 이는 우리의 책임이며, 인간으로서의 사명이다. 우리의 삶이 다른 사람들에게 희망이 되고 세상을 조금이라도 더 나은 곳으로 변화시킬 수 있다면, 그 자체로 충분히 의미 있는 삶이 될 것이다.

| 진정한 웰빙을 찾으려면 |

　'웰빙'은 이제 너무나도 익숙한 용어다. 웰빙족이 등장하더니 웰빙 라이프, 웰빙 반신욕, 웰빙 건강차, 웰빙 다이어트, 웰빙 카드, 심지어 이제는 아이들에게까지 웰빙 키즈를 요구한다. 여기저기 모든 게 웰빙이다. 웰빙을 추구하는 사람들은 '잘 먹고 잘 사는 것'

이 중요하다고 믿는다. 그래서 건강한 신체를 위해 웰빙 푸드나 웰빙 하우스에 많은 돈과 시간을 투자한다. 잘 먹지 못하고 잘 살지 못했던 과거의 반대급부로도 볼 수도 있다. 그래서인지 그 옛날 "잘 살아보세"라는 새마을운동 구호가 떠오르기도 한다. 하지만 웰빙이라는 용어에서는 어딘지 모르게 상업적인 냄새가 강하게 풍긴다. 나만의 생각일까?

물론 웰빙은 단순히 양보다는 질을 강조하는 생활 방식을 뜻한다. 사전적으로는 안녕, 복지, 행복을 의미한다. 웰빙이 신체적 건강에서 시작된다는 점은 부정할 수 없다. 하지만 요즘의 웰빙은 지나치게 신체적·물질적 행복만을 강조하면서, 인간을 물질적 풍요 속에서만 행복을 찾는 존재로 제한하는 경향이 있다. 그러나 물질적 풍요만이 웰빙의 전부일 수는 없다. 물질적 빈곤 속에서도 의미 있는 삶을 살아가는 사람들은 많다.

WHO(세계보건기구)는 건강을 '신체적', '정신적', '사회적', '영적'인 안녕(well-being) 상태로 정의하면서 건강에 대한 더 포괄적인 개념을 제시했다. 물질적인 풍요와 육체적인 건강만으로 행복이 보장되지는 않는다. 부족한 환경 속에서도 주변의 작은 것에 의미를 부여하며 삶의 가치를 발견할 때, 그것이 진정한 행복이다. 낡고 오래된 물건이라도 소중한 사람과의 추억이 깃들어 있다면 새것보다 더 귀하게 여기는 것이 인간이다.

병으로 인해 신체적으로 건강하지 못한 사람들조차 삶의 의미를 깨닫고 투병 과정에서 인생의 우선순위를 재정립하며 가족의 소중함에 감사함을 느끼기도 한다. 고통 속에서도 주변 사람들에게 더 많은 관심을 갖고 작은 것에서 행복을 발견하는 환자들도 있다. 말기 환자들에게 가장 소중한 것은 가족들에게 짐이 되지 않는다는 희망과, 의미 있는 삶을 살았다는 깨달음이다. 천상병 시인의 시 〈귀천(歸天)〉에서처럼 삶이 아름다웠다고 말할 수 있도록 끊임없이 고민해야 할 것이다.

나 하늘로 돌아가리라

아름다운 이 세상 소풍 끝내는 날

가서, 아름다웠더라고 말하리라

오래전 분리 수술 도중 세상을 떠난 이란의 샴쌍둥이 라단 비자니(Ladan Bijani)와 랄레흐 비자니(Laleh Bijani) 자매가 남긴 말이 새삼 떠오른다.

"우리는 험난한 인생의 길을 걸어왔어요. 수술이 잘 끝나 이 어려웠던 길에서 벗어나 각자 새로 거듭난 인격체로 아름다운 인생을 꾸밀 수 있었으면 좋겠습니다."

어린 왕자와 여우처럼 작은 것에 의미를 부여하고 길들인다면, 소유하지 않아도 기쁨을 느낄 수 있고, 보이지 않기에 더 아름다운 행복을 만끽할 수 있을 것이다. 다원화 시대에 우리는 각자의 개성을 존중받아야 하며, 자신에게 맞는 맞춤형 행복을 만들어가는 것이 진정한 웰빙이다. 일상의 평범한 삶 속에서도 의미를 발견하고 잠들어 있는 정신을 깨워줄 철학이 절실하다. 어린 왕자는 이렇게 말했다.

"사막이 아름다운 건 어딘가에 우물을 감추고 있기 때문이야."

그렇다. 사막이 아름다운 이유는 오아시스가 있기 때문이고, 우리 인생이 아름다운 까닭은 사랑하는 사람이 있기 때문이다. 황금빛 사막이 처음에는 아름다울지 몰라도 시간이 지날수록 삭막함과 갈증과 공포를 느끼게 한다. 그렇지만 사막 어딘가에 오아시스가 있다는 희망은 그 삭막한 사막을 아름답게 만든다. 사막이 없는 오아시스가 과연 아름다울까? 오아시스가 황량한 사막 속에서 아름다움을 발하는 것이다.

"2% 부족하다"고 할 때 그 말이 단순히 숫자로서의 2%를 의미하지 않는 것처럼, 2%는 나머지 98%의 무의미함을 의미 있게 만드는 핵심일 수 있다. 용 그림에 마지막 눈동자를 그리며 작품을 완성하는 '화룡점정(畵龍點睛)'처럼 말이다. 인생이 아름다운 것은 대부분이 고통스럽고 무의미하게 보이는 순간들 속에서 숨겨진 의미를 발견할 수 있어서다. 만약 지금 내 삶이 이해할 수 없는 고통과 무의미함으로 가득 차 있다면 아직 내 오아시스를 찾지 못했기 때문이다. 부족한 2%를 아직 채우지 못했기 때문이며, 때가 이르지 않아 아직 내 삶의 어두움을 훤하게 비춰줄 등대를 찾지 못했기 때문이다. 오늘 밤이나 내일 아침에 찾을 수도 있다는 희망은 항상 우리 앞에 있다. 우리는 멈출 수 없다. 희망이 바로 눈앞에 있을지 모르기에.

│ 배려의 힘, 행복의 시작 │

언젠가 일요일 아침에 아내를 대신해 슈퍼에서 식료품을 가득 산 뒤 비닐봉지를 양손에 들고 엘리베이터에 탔다. 막 문이 닫히려는 순간 젊은 여성의 "잠깐만요!"라는 외침에 급히 열림 버튼을 눌렀다. 그는 계속 전화 통화를 하면서 들어와 3층 버튼을 눌렀고, 고맙다는 인사는커녕 눈길 한 번 주지 않았다.

'3층이라면 걸어가도 될 텐데. 그리고 감사하다거나 미안하다

는 말이라도 했으면 좋았을 텐데.'

속으로 얄밉다고 느꼈으나 꾹 참았다. 그런데 불편한 감정이 내릴 때까지 계속됐다. 하지만 이내 그가 평소 친절한 사람인데 하필 심각한 문제로 통화를 하고 있어서 예의를 차릴 여유가 없었을지도 모른다는 생각이 들었다. 처음부터 삐뚤어진 시선으로 보았기에 불행해진 쪽은 그가 아니라 바로 나였다.

며칠 전에는 지하철역까지 가려고 길게 늘어선 택시 중에서 제일 앞에 있는 차에 탔는데, 손님이 없어 한참 기다린 듯 보이는 택시 기사가 내 목적지를 듣더니 얼굴이 일그러졌다. 짧은 이동 거리임을 듣자 실망스러움을 감추지 못한 것이다. 가는 내내 한 마디 말도 없었다.

'인사 한마디가 없네.'

목적지에 도착해 택시비를 받으면서도 짜증스러운 표정은 여전했다. 되레 내가 데려다줘서 고맙다고 인사했다. 돈 내고 기사의 짜증까지 받아야 한다는 생각에 나도 무척 불쾌했다. 택시를 타지 말고 그냥 걸었어야 했나 생각했지만, 시간이 너무 부족해 늦지 않으려면 결국 택시를 타야 했었다. 그러나 지하철역으로 내려가면서 처지를 바꿔 생각해보니, 기껏 기다렸는데 결국 기본요금밖에 벌지 못한 실망감을 이해할 수 있었다. 어찌 보면 당연했을지도 모른다. 그렇게 생각을 바꾸자 불쾌감 대신 미안한 마음이 들었다.

승용차를 운전할 때도 황당한 일을 겪었다. 고급 외제 차가 골목길에서 갑자기 튀어나와서는 차량 사이를 비집고 끼어들었다. 나를 포함해 주변에 있던 차들이 일제히 급브레이크를 밟았다. 미처 경적을 울릴 시간도 없었다. 그 차는 3차선에서 1차선으로 한 번에 건너는가 싶더니 곧바로 중앙선을 넘어 유턴한 다음 반대편으로 사라졌다. 욕이 저절로 나오는 상황이었고, 아마 다른 차들도 그랬을 것이다. 그래도 어쩌면 차 안에 응급환자가 타고 있었을지도 모른다고 생각하기로 했다. 나는 불쾌하거나 화가 나면 내 건강만 해치기 때문에 되도록 빨리 마음을 다잡으려고 애쓴다. 그렇게 스스로 위로하면서 불쾌함을 치워버렸다.

"1분마다 인생을 바꿀 수 있는 기회가 찾아온다."

영화《바닐라 스카이(Vanilla Sky)》에 나오는 명대사다. 짧은 한 줄이지만 1분의 소중함을 직관적으로 깨우쳐주는 말이다. 그렇다. 일상생활에서 생각을 바꾸는 선택은 1분이 아니라 10초밖에 걸리지 않는 경우도 많다. 우리는 인간이라서 선택할 수 있는, 그래서 나를 바꿀 수 있는 기회가 매 순간 찾아온다. 새로운 도약을 위해 독수리가 자기 발톱과 날개를 뽑고 부리를 부러뜨리는 것도

1분의 선택일 것이다. 그러나 그 선택의 괴로움과 그에 따른 변화의 두려움을 견디지 못하는 나약함을 경험하고선 마치 선택의 여지가 없었다는 듯 운명론적 사고로 자기 자신을 합리화하기도 한다. 선택을 우리 삶의 변화를 한꺼번에 끌어내는 마술로 인식하는 자신을 발견할 때면 더 비참해진다.

선택은 변화의 시작이다. 매 순간의 선택이 모여 변화가 일어난다는 사실을 긍정적으로 이해하고 결과가 실패할지라도 끊임없는 노력의 기쁨을 오히려 즐길 줄 알 때, 비로소 실존적 삶의 의미를 깨닫고 미소 지을 수 있을 것이다. 매 순간 작은 사고의 전환이 불행과 행복을 결정하기 때문에 선택은 아름다워야 한다. 우리는 쉽게 남 탓을 하고 스스로 변명한다. 그러나 아무리 상식을 벗어난 행동을 하는 사람이라도 그 나름의 피치 못할 사정이 있을 것이다. 병원에서 일하다 보면 급한 환자를 먼저 봐야 할 때도 있다. 엄연히 질서가 있고 공정해야 하는 병원이지만, 배려와 양보가 필요한 생명을 다투는 위급 상황도 일어날 수 있다. 《맹자》 '이루(離婁)'에서 맹자는 이렇게 말했다.

"내 어른을 공경하듯 남의 어른도 공경하고, 내 아이를 사랑하듯 남의 아이도 사랑하라."

우리 사회는 서너 다리만 건너면 서로 다 연결돼 있다. 내가 전혀 모른 사람에게 베푼 선의는 내가 아는 사람의 아는 사람, 이웃의 이웃에게 돌아간다. 설령 우리가 바라던 대로 되지 않더라도 긍정적인 사고와 배려는 오늘 하루를 더욱 소중하고 즐겁게 만들 수 있다. 엘리베이터에서나 택시를 타거나 운전할 때 등 모든 일상에서 작은 배려가 행복을 가져다주는 열쇠임을 잊지 말자.

| 행복도 습관이다 |

습관이 인격을 형성한다는 말은 누구나 인정할 수 있는 진리다. 그런데 이와 마찬가지로 행복 역시 습관이 될 수 있다. 우리 주변의 모든 사물은 밝은 면과 어두운 면을 동시에 지니고 있으며, 사람 또한 크게 두 부류로 나눌 수 있다. 늘 '밝은 면'을 보는 습관이 있는 사람과 '어두운 면'에 초점을 맞추는 습관이 있는 사람이다. 어떤 사람은 항상 선하고 긍정적인 면을 보며 기쁨, 사랑, 감사의 감정을 일으키는 데 익숙하다. 반면 어떤 다른 사람은 언제나 나쁜 점과 부정적인 면을 바라보면서 분노, 슬픔, 증오의 감정을 키우는 데 익숙하다.

같은 처지와 같은 운명을 겪는 상황에서도 이 두 부류는 전혀 다른 삶을 살게 된다. 결국 행복과 불행의 차이는 우리가 어떤 습관을 갖고 있느냐에 따라 결정된다. 오늘부터 행복을 위한 습관을 만드는 노력을 시작하자. 습관을 형성하려면 생각, 행동, 반복이라는 과정을 거쳐야 한다. 단지 생각만으로는 습관이 만들어지지 않으며, 한 번 행동했다고 해서 그것이 바로 습관으로 굳어지는 것도 아니다. 반복적인 행동이 필요하다.

세상 모든 변화의 과정에는 단계가 있다는 '범이론적 모델(Trans-Theoretial Model/TTM)'에 따르면 생각에서 행동으로 옮기기까지는 통상적으로 한 달이 걸리며, 행동이 습관으로 자리 잡는 데는 최소 6개월이 필요하다. 습관이 자리 잡으면 생각하지 않아도 자연스럽게 행동이 이뤄지고, 오히려 습관에 반하는 생각이나 행동이 부자연스럽게 느껴진다. "습관은 성격이 되고, 성격은 운명을 결정한다"는 새뮤얼 스마일스의 말처럼 우리의 운명은 결국 우리의 습관이 결정한다. 오늘부터 행복을 선택하는 생각을 행동으로 옮기고 반복하자. 행복한 습관이 만들어지면, 행복한 운명도 자연스럽게 따라오게 될 것이다. 자극에 긍정적인 감정으로 반응하는 행복의 '회로(circuit)'를 뇌에 새겨야 한다.

우리에게 필요한 것은 단순히 '최대 다수의 최대 행복'을 목표로 하는 벤담(Jeremy Bentham)의 공리주의나, '옳은 일이므로 옳은

삶이 의미를 잃기 전에

일을 하라'는 칸트(Immanuel Kant)의 의무론만이 아니다. 그것으로는 충분하지 않다. 복지의 방향성도 이런 철학적 논의와 맥락을 같이한다. 누구에게나 동일하게 제공하는 보편적 복지가 아닌 개인의 필요와 선호에 따라 선택할 수 있는 선택적 복지가 더 적합하다는 견해가 있다. 이런 선택적 복지는 각 개인의 삶의 상황, 건강 상태, 경제적 여건, 신념 등을 고려해 맞춤형으로 제공될 때 가장 효과적이다.

그러나 선택적 복지의 한계와 도전도 분명하다. 이를 위해서는 정밀한 제도 설계와 방대한 정보 수집, 데이터 분석, 그리고 이를 뒷받침할 지능형 IT 기술과 유연한 코디네이터의 역할이 필요하다. 이런 과정은 많은 시간과 예산이 필요하며, 이 때문에 오히려 보편적 복지가 더 효율적일 수 있다는 주장이 힘을 얻기도 한다. 하지만 선택적 복지의 잠재력을 간과할 수는 없다.

성별, 연령, 경제 상황, 직업, 건강 상태 등 세부적인 조건에 맞춘 복지는 개개인의 실질적인 필요를 충족시킬 가능성이 높다. 더 나아가 개인이 복지 혜택의 선택권을 가질 수 있도록 하는 것은 자율성과 자기결정권을 존중하는 현대적 접근이다. 여기서 우리가 직면하는 문제는 인간과 사회의 본질적인 특성이다. 미래는 불확실하며 인간은 정작 자신에게 무엇이 필요한지 명확히 알지 못한다. 더욱이 인간의 몸과 마음은 시간에 따라 변화하며 주변 환경 또한 예측할 수 없이 바뀐다. 이런 불확실성 속에서 복지 정책은 개인의 신념과 필요를 존중하는 동시에 유연성과 적응성을 갖춰야 한다.

충분한 정보를 제공하고 기분 상하지 않게 하면서 부드럽게 설명하는 데도 기술이 필요하다. 개인의 선택을 존중하되 합리적 선택을 돕는 '넛지(nudge)'를 활용할 수 있다. 경제학자 리처드 탈러(Richard Thaler)와 법학자 캐스 선스타인(Cass Sunstein)이 함께 쓴 동명의 책에서 소개한 개념으로, 옆구리를 슬쩍 찔러 행동을 유도하듯이 강요하지 않고 유연하게 개입해 선택을 유도하는 방식이다. 최종 선택은 국민이 하겠지만, 더 좋은 선택을 하도록 생각할 기회를 제공한다. 기존의 권위주의적 개입이 아니라 자유주의적 개입이다.

그래서 선택의 여지를 남겨둬야 한다. 모든 이가 동일한 방식으로 혜택을 받는 대신, 자신의 복지 혜택을 타인과 나눌 기회도 있어야 한다. 이 과정에서 선의와 배려가 발휘될 수 있다. 실제로 우리는 코로나19 팬데믹 동안 일부 복지 프로그램을 선택적으로 시행하며 이를 경험한 바 있다. 개인의 필요와 선호에 맞춘 맞춤형 복지는 단순히 이념적 논의가 아니라, 사회적 연대와 공감을 바탕으로 한 현실적인 해법이다.

이를 위해 정확한 예측과 실시간 데이터 분석 그리고 인간적 배려와 공감 능력을 겸비한 정책 집행 체제가 필수적이다. 이런 과정이 비록 도전적이고 복잡할지라도 한 사람 한 사람의 삶에 다가가는 복지 모델은 사회적 신뢰와 공동체적 유대를 강화하며 더 나은 미래로 나아가는 길을 열어줄 것이다.

제 7 장

건강하게 나이 드는 법

| 건강은 희망이 아닌 선택 |

불행한 일이 생기면 우리는 흔히 "액땜했다"는 표현을 쓴다. 사전적 정의에 따르면, '액땜'이란 "앞으로 닥쳐올 액운을 가벼운 곤란으로 미리 겪어 무사히 넘기는 것"을 뜻한다. 예전에 인터넷 검색 포털에서 '액땜'을 입력했을 때, 2010년 월드컵 국가대표 선수 이동국이 대회를 앞두고 가방을 잃어버렸다가 되찾은 사건이 기억난다. 여러 언론이 이를 두고 12년 만의 월드컵 출전을 앞둔 그가 "액땜했다"고 보도했었다.

우리 조상들은 오래전부터 '액땜'이라는 말을 즐겨 사용했다. 장승을 세우고 지신밟기를 하며 마을의 재앙을 막고자 했던 풍습에는 액땜의 의미가 담겨 있다. 색동저고리도 음양오행(陰陽五行)에 따라 적색, 흑색, 청색, 백색, 황색의 오방색(五方色) 천을 이어 붙여 액운을 막고 복을 받으라는 뜻에서 나온 옷이다. 연날리기에서 상대의 줄을 끊는 연싸움 또한 액땜의 의미를 내포하고 있다. 연줄이 끊어진 쪽이 이긴 쪽을 위해 한턱내는 것은 이긴 편이 연을 끊어 상대방의 액땜을 대신했다고 믿은 데서 비롯됐다.

이 밖에도 지나가는 상여 행렬을 보면 재수가 좋다는 생각, 불난 집에서 장사하면 부자가 된다는 속설, 벼락 맞은 대추나무로

도장을 파면 성공한다는 믿음 또한 모두 미신이겠지만 그저 허무맹랑하다고만 치부할 수는 없을 것이다. 운이 좋다고 생각하면 실제로 기회를 잡을 수 있다는 뇌과학 연구 결과도 있다. 불행을 더 큰 행운의 기회로 전환하려는 긍정적 태도가 결코 나쁠 리 없다. 불행마저 좋게 해석해 가뿐히 털고 일어서도록 위로와 용기를 북돋는 우리 조상들의 속 깊은 지혜라고 생각하면 좋을 것이다. 네잎클로버가 행운의 상징이 된 것도 생물학적 기형을 길조라고 여긴 나폴레옹 보나파르트(Napoléon Bonaparte)의 긍정적 사고방식 덕분이다. 네잎클로버를 발견하고 신기해서 허리를 숙였다가 총알을 피하게 됐으니 그럴 만도 할 것이다.

그러나 건강 이상 신호는 액땜이 아니다. 편두통이 오기 전 시각 이상이나 구토 증상이 나타나는 경우처럼 건강에도 전조 증상이 있다. 이런 증상은 반복적이고 예측 가능하다면 큰 문제가 아닐 수 있지만, 건강상의 경고일 가능성도 간과해서는 안 된다. 팔다리가 한참 힘을 잃었다가 돌아오거나, 운동 중 일시적으로 가슴 통증이 느끼거나, 느닷없이 피로가 몰려오는 증상은 중증 질환의 초기 징후일 수 있다. 이를 '괜찮겠지' 하고 안일하게 넘기고 바쁘다는 핑계로 무시해서는 곤란하다. 전문 검사와 진단을 통해서만 심각성을 파악할 수 있는 경우가 많으니 꼭 병원에 가야 한다. 우리 몸은 질병이 악화하기 전 신호를 보낸다. 이 신호는 건강 습관을 바꾸고 체질 개선을 해야 한다는 경고이자 건강을 업그레이드하라는 알림 메시지다. 작은 증상이라도 그 원인을 파악하고, 혹시 더 큰 질병의 전조 현상은 아닌지 주의를 기울여야 한다.

음식을 선택할 때도 그냥 맛있으면 그만이지 하지 말고 심각하게 고민할 필요가 있다. 연수 시절 미국 거리를 거닐 때 사람들의 대조적인 모습에 새삼 놀란 적이 있다. 통통한 수준이 아니라 걸을 수 있을까 싶을 정도로 엄청나게 비만한 사람들이 테이블을 기름진 음식으로 가득 채워 식사하는 모습도 볼 수 있었고, 건강한 몸매를 뽐내며 달리기에 열중하는 사람들도 꽤 많이 있었다. 이들 사이의 차이가 단순히 식습관이나 생활 방식 이상의 뭔가를 시사하는 듯했다.

당시 비만 걱정은 내게도 있었다. 평소 기름진 음식을 피하려고 노력해도 현지 음식 자체가 죄다 그런 것들뿐이었다. 점심때마다 한식당을 찾아다니기가 어려워 햄버거로 때울 때가 많았다. 우렁 쌈밥, 청국장, 김치 칼국수 같은 한식을 먹고 싶어도 내가 있던 지역에서는 그림의 떡이었다. 햄버거를 먹으면 먹을수록 살찌는 게 느껴졌다. 배가 고파 처음에는 가장 큰 것으로 주문했다가 이러다가 큰일나겠다 싶어서 중간 크기로 바꿨고, 햄버거와 함께 나오는 감자튀김은 늘 남겼다. 음식 남기는 게 죄스럽게 느껴졌지만, 그보다는 과식에 대한 두려움이 더 컸다.

그랬는데 어느 날 허름한 옷차림에 낡은 신발을 신은 두 사람이 매점에서 먹다 만 음식을 그대로 쓰레기통에 버리는 모습을 보고는 다시 죄책감이 들었다. 어떤 나라에서는 먹을 게 없어서 아이들이 죽어가는데 소중한 음식들을 버리면 되겠나 하는 생각이 들었다. 하지만 그러다가도 억지로 먹어서 건강을 해친다는 생각에 또 고민이 됐다. 남은 음식을 집으로 싸 들고 가기도 애매했다.

집에서라고 이런 고민이 사라지지는 않았다. 아이들이 남긴 음식을 처리하는 것도 문제였다. 무심코 내가 대신 먹었는데, 이러다가는 나만 살찌겠다는 생각이 들어 또다시 버리게 됐다. 그러면서도 음식을 버리는 게 옳은지, 그냥 내가 먹는 게 맞는 건지 매번 갈등했다. 지구 반대편에서 기아로 고통받는 사람들의 모습과 음식이 남아돌아 비만으로 고생하는 모습이 대비되면서 고민은 더 깊어졌다.

'어차피 버리는 건 똑같다. 내 몸에 버릴 것이냐, 쓰레기통에 버릴 것이냐?'

마침내 나는 나름의 변명거리를 만들어 결론을 내렸다.

'어차피 남는다면 내 몸에 버리지 말고 음식물 쓰레기통에 버려

서 가축 사료로라도 쓰이게 하자.'

　물론 이 결정에 동의하지 않을 수도 있다. 낭비를 합리화했다고 비판할 수 있고, 더 나은 해결책을 제안할 수도 있을 것이다. 그런데 내가 진짜 말하고 싶은 부분은 이런 갈등과 선택이 우리에게 매번 새로운 고민과 깨달음을 가져다준다는 점이다. 음식물 쓰레기 문제나 개인적 식습관에 대해 말하려던 것은 아니다. 우리가 직면하는 모든 갈등과 선택이 결국 우리가 세상을 대하는 태도와 연결된다는 점을 공유하고 싶었다. 여러분도 이와 비슷한 고민을 해본 적이 있다면, 각자의 선택을 되돌아보는 계기가 됐으면 좋겠다.

　사람과의 만남도 건강에 영향을 미친다. 신체가 건강해지고, 정신이 맑아지고, 마음이 깨끗해지고, 이상이 높아지고, 이상을 향한 열정이 높아지고, 잠재력이 향상되고 있다면, 그 만남은 여러분 삶과 건강을 풍요롭게 한다. 그 만남으로 마음이 감동과 기쁨으로 넘칠 때, 문득 삶의 의미를 깨달을 때, 영혼의 울림이 아름다운 공명을 이룰 때 신의 존재를 체험하게 될 것이다. 삶의 목적은 단순한 동기가 아니다. 우리의 건강을 지탱하고 생존율을 높이는 핵심 요인이다. 삶의 목적이 있을 때 우리는 더 건강하고 오래 살 수 있다. 실제로 여러 연구는 삶의 목적이 신체적·정신적 건강은 물론 전반적인 삶의 질에도 긍정적인 영향을 미친다는 점을 보여준다. 스스로 목표를 세우고, 그 목표를 통해 건강한 행동을 유도하며, 삶에 의미를 부여하는 과정이 사망률을 낮추는 중요한 역할을 한다.

4년 동안의 추적 조사에서 삶의 목적은 뇌졸중 가능성을 낮추는 요인으로 나타났다. 나이, 성별, 인종, 결혼 여부, 교육 수준, 재산 규모 등 다양한 사회적·경제적 변수를 조정한 후에도, 삶의 목적은 여전히 뇌졸중 위험을 줄이는 중요한 요소로 작용했다. 특히 뇌졸중 후의 삶의 질에서도 목적의식은 긍정적인 영향을 미친다는 연구 결과가 이바단(Ibadan)과 베를린(Berlin) 연구에서 확인됐다.

또 다른 연구는 삶의 목적이 치매 발병 시점과도 관련이 있다는 점을 보여줬다. 평균 6.9년 동안 추적 조사한 결과, 삶의 목적이 높은 사람은 알츠하이머(alzheimer) 치매 발병 시점이 상당히 늦었다. 목적이 낮은 사람은 평균 약 89세에 치매를 진단받은 데 반해, 높은 목적을 가진 사람은 95세에 발병했다. 목적이 높은 사람들은 치매 발병을 늦출뿐더러 평균 수명도 약 4년 더 길었다. 이 연구는 삶의 목적이 치매뿐 아니라 전반적인 사망률을 지연시키는 데도 중요한 역할을 한다는 사실을 증명했다.

삶의 목적은 당뇨 관리에도 영향을 미친다. 낮은 목적의식은 높은 '당화혈색소(HbA1c)'와 관련이 있다는 연구 결과가 있다. 당화혈색소는 지난 2개월에서 3개월 동안의 혈당 조절 상태를 나타내는 지표로, 당뇨의 심각도를 반영한다. 지속해서 높은 당화혈색소를 가진 환자라면 "지금 하는 일들이 중요하고 가치 있다고 생각합니까?"라는 질문에 답하며 삶의 목적을 점검할 필요가 있다. 삶의 의미와 목적에 관한 스트레스는 당뇨 환자들의 자가 관리에 방해가 될 수 있기 때문이다.

목적이 있는 삶은 우리를 건강하게 하고 뇌졸중 위험, 치매 발병, 당뇨의 심각도까지 줄이는 등 더 나은 건강으로 이끈다. 반대로 삶의 목적이 부족하면 절망감이 찾아오고 건강한 삶을 살아갈 동기를 잃을 수 있다. 특히 노년기에는 삶의 목적을 강화하는 방법이 공공 보건의 혜택을 확대하고 건강 수명을 늘리는 데 중요한 역할을 한다. 삶의 목적은 단순한 선택이 아니라 건강과 생존의 중요한 열쇠다. 삶의 의미를 찾고 이를 지속해서 강화해나갈 때 우리는 신체적으로나 정신적으로 더 나은 삶을 살 수 있다.

삶이 의미를 잃기 전에

| 수명을 늘리는 삶의 목적 |

대규모 종단 연구로 유명한 '건강 및 은퇴 연구(Health and Retirement Study/HRS)'와 '미국 중년 연구(Midlife in the United States/MIDUS)'에 따르면 삶의 목적은 장수와도 유의미한 관계를 보였다. 특히 50세 이상 미국 성인 6,985명을 코호트(cohort) 집단으로 설정해 2018년 6월 5일부터 2019년 4월 22일까지 추적 조사한 '건강 및 은퇴 연구' 결과가 대표적이다. 2006년에 시행된 연구에서는 심리학자 캐럴 리프(Carol Ryff)와 사회학자 코리 키스(Corey Keyes)가 공동으로 개발한 '심리적 웰빙 척도(Scales of Psychological Well-being)' 설문 조사 모델을 활용해 삶의 목적을 평가했다. 7개 항목을 측정했고, 점수는 1.00에서 6.00까지 모두 여섯 단계로 구분했다. 점수가 높을수록 삶의 목적이 크다는 것을 의미했다.

삶의 목적 점수가 가장 낮은 집단과 가장 높은 집단의 사망률을 비교한 결과, 삶의 목적은 모든 원인에 의한 사망률과 통계적으로 유의한 연관성을 보였다. 낮은 삶의 목적을 가진 집단은 사회인구학적 특성과 건강 특성을 고려한 분석에서 사망 위험도가 3.15배 높았으며, 심리적 웰빙까지 추가로 고려했을 때도 2.43배의 위험도를 보였다.

추적 조사 첫해에 사망한 참가자를 제외하고 진행한 민감도 분석에서도 낮은 삶의 목적과 사망 위험 사이의 연관성은 약간 낮아졌지만, 여전히 2.24배의 위험도를 보였다. 또한 기준선에서 만성 건강 문제가 있는 참가자를 제외한 분석에서도 삶의 목적과 사망률 사이의 연관성은 유지됐다. 다만 암과 호흡기 질환과 관련한 사망률에서는 유의미한 연관성을 보이지 않았다.

이전에 수행된 메타 분석 결과에서도 비슷한 경향이 나타났다. 총 13만 6,265명을 대상으로 한 10개의 전향적 연구 분석에서는 높은 삶의 목적이 모든 원인 사망률과 심혈관 질환 사망률을 유의미하게 감소시키는 것으로 나타났다. 이는 삶의 목적이 사망 위험을 낮추는 보호 효과를 가질 수 있음을 시사한다.

한편으로 일본에서 시행한 오사카 의과대학 코호트 연구에서는 4만 3,391명의 참여자를 대상으로 "당신은 이키가이(生きがい/삶의 보람)가 있습니까?"라는 설문을 통해 삶의 목적을 평가했다. 7년 동안의 추적 조사 결과 이키가이, 즉 삶의 목적을 가진 사람들에 비해 그렇지 않은 사람들의 사망 위험도는 1.5배 높았다. 특히 심혈관 질환 사망 위험은 1.6배, 외부 원인 사망 위험은 1.9배로 나타났지만, 암 사망률과는 유의미한 연관성이 없었다.

삶이 의미를 잃기 전에

이 연구들은 하나같이 삶의 목적이라는 주관적 평가가 노년층 인구의 생존에 중요한 역할을 한다는 점을 보여준다. 객관적인 질병 상태와 위험 요소를 고려하더라도 낮은 삶의 목적은 수명 감소를 계속해서 가리키고 있다. 삶의 목적이 주관적 건강과 사망률 사이의 관계를 조절할 수 있다는 사실도 밝혀졌다. 그뿐만 아니라 삶의 목적을 갖는 것은 참가자의 나이와 은퇴 여부에 상관없이 사망 위험을 전반적으로 낮추는 효과를 보였다.

다른 연구에서도 연령, 성별, 교육 수준, 인종 등 여러 요인을 고려한 생존 분석 모델에서 높은 수준의 삶의 목적은 사망 위험을 40% 낮추는 것으로 나타났다. 이 효과는 남녀나 인종(백인 및 흑인) 간에 차이가 없었다. 더불어 우울 증상, 장애, 신경증, 만성 질환 수, 소득 등 다양한 요인에도 불구하고 이 연관성은 유지됐다.

삶의 목적은 단순한 철학적 개념이 아니라 개인의 건강과 생존율에 실질적으로 영향을 미치는 매우 중요한 요소다. 삶의 목적을 발견하고 강화하는 코칭이나 워크숍이 건강과 삶의 질을 향상하는 데 이바지할 수 있으며 이를 적극적으로 검토해야 할 필요가 있다.

사회적·경제적 수준에 초점을 맞춘 삶의 목적과 사망 위험 사이의 관련성을 분석한 연구도 있다. 이 연구에서는 모든 사회적·

경제적 계층에서 삶의 목적이 높은 사람들이 낮은 사람들보다 사망 위험이 낮은 경향을 보였다. 그러나 중간 정도 삶의 목적을 가진 사람들은 중간에서 높은 수준의 교육, 소득, 부를 가진 경우에만 사망 위험이 낮았다. 반면 높은 삶의 목적은 사회적·경제적 수준에 상관없이 모든 원인에 의한 사망 위험을 낮추는 것으로 나타났다. 하지만 삶의 목적이 낮은 경우, 특히 사회적·경제적 수준이 낮을 때 건강에 대한 유익함이 줄어들 가능성이 있다. 따라서 사회적·경제적 수준이 상대적으로 낮은 이들에게 높은 삶의 목적을 지원할 수 있는 정책 프로그램이 필요하다.

삶의 목적이 어떻게 사망률을 낮출 수 있을까? 높은 삶의 목적은 우선 심리적·사회적 자원을 강화함으로써 압도적인 스트레스가 심장에 미치는 독성 효과를 완화한다. 나아가 삶의 목적은 건강한 행동을 촉진하고 생물학적 경로를 통해 심혈관 질환의 위험을 줄이는 데 영향을 미친다. 삶의 목적과 사망률 사이의 연관성을 설명하는 구체적인 메커니즘에도 주목할 만하다. 첫 번째는 '염증'과 관련한 메커니즘이다. 사회심리학자 바버라 프레드릭슨(Barbara Fredrickson) 연구팀은 삶의 목적이 강한 행복감을 구성하며, 이는 염증 관련 유전자 발현을 감소시키는 것과 관련이 있음을 증명했다. 높은 삶의 목적은 스트레스에 반응해 분비되는 호르몬인 코르티솔(cortisol) 수치를 낮추고 면역 세포가 분비하는 단백질의 일종인 염증성 사이토카인(cytokine) 수치도 낮췄다. '마음챙김 기반 암 회복(Mindfulness—Based Cancer Recovery/MBCR)'과 '집단 지지 표현 요법(Supportive—Expressive Group Therapy/SET)'과 같은 대규모 치료 연구에서도 유방암 생존자의 스트레스 수준, 삶의 질, 사회적 지원을 개선하는 효과를 보였다. 특히 6주간의 마음챙김 기반 암 회복 프로그램은 일반적인 치료에 비해 심리적 상태와 삶의 질을 크게 향상했다. 사이토카인 등 염증성 단백질 분비가 높아지면 사망률이 증가한다. 삶의 목적이 염증 관련 요인들과 밀접한 관계를 맺고 있다는 점은 삶의 목적이 사망률에 미치는 영향을 이해하는 데 중요한 단서를 제공한다. 다만 이런 관계를 구체적으로 검증하려면 바이오마커(biomarker), 즉 DNA, RNA, 대사 물질 등을 이용해 체내 변화를 살피는 추가 연구가 필요하다.

두 번째는 '텔로머라제(telomerase/텔로머레이즈)' 활성과 관련한 메커니즘이다. 염색체 끝부분에서 세포의 수명을 결정짓는 역할을 하는 DNA 조각을 '텔로미어(telomere)'라고 하는데, 텔로머라제는 이를 유지하게 하는 일종의 효소로 일부 세포에서 텔로미어를 복구하는 역할을 하기도 한다. 달리 말해 노화와 깊은 연관이 있다. 노화를 억제하고 수명을 연장하는 데 중요한 역할을 한다. 연구 결과 삶의 목적은 텔로미어와 면역 세포에 도움을 주는 텔로머라제 활성 증가에도 긍정적 영향을 미친다.

세 번째는 건강한 '생활 방식(lifestyle)'과 관련한 메커니즘이다. 설문 조사 참가자 4,820명의 데이터를 분석한 연구에 따르면, 건강한 생활 방식을 가진 그룹은 그렇지 않은 그룹보다 삶의 목적 점수가 높았다. 건강한 생활 방식 실천과 삶의 목적 사이에 긍정적이고 선형적인 관계가 있다는 의미였다. 삶의 목적이 더 높은 사람이 건강한 생활 방식을 실행하고 유지할 확률도 더 높다는 사실을 지표로써 보여준 사례다.

또 다른 연구에서는 사회인구학적 특성을 보정한 모델에서 건강 행동 지침을 충족한 사람들 가운데 높은 삶의 목적을 가진 사람이 낮은 수준의 사람보다 신체적 비활동 위험이 24% 감소했고, 수면 문제 발생 가능성은 33%, 건강하지 않은 비만 가능성은 22%, 흡연 재발 위험은 35% 감소했다. 그런데 음주 활동과는 유의미한 연관성이 발견되지 않았다. 건강 상태와 우울증을 추가로 보정한 모델에서도 높은 삶의 목적은 건강 행동과 사망률 감소에 긍정적 영향을 미쳤다. 요컨대 삶의 강한 목적의식은 노년에 건강 행동을 유지하도록 돕는 중요한 요인으로 작용한다. 삶의 목적은 건강 행동을 통해 사망률을 낮추는 메커니즘으로 이어진다.

│ 건강을 망치는 고독의 그늘 │

사회적 고립은 인류 생존을 위협하는 중요한 문제다. 사회적 존재로서 인간은 생존과 번영을 위해 안전한 사회적 환경이 필요하다. 그러나 영국 정신 건강 재단의 조사에 따르면, 응답자의 10%가 종종 외로움을 느끼며, 3분의 1은 외로움을 느끼는 가까운 친구나 친척이 있다고 답했다. 응답자의 절반 이상은 전반적으로 더 외로워지고 있다고 여겼다. 미국에서도 지난 20년간 가까운 친구가 없다고 응답한 사람들의 숫자가 세 배 증가했고, 점점 더 많은 사람이 사회적으로 고립되고 있다.

이런 현상은 산업화와 현대화가 사회적 관계의 양과 질을 크게 줄였기 때문이다. 오늘날 대부분 성인 남녀가 대가족 구조에서 벗어나 혼자 살거나 결혼과 출산을 늦추면서 가족 사이의 물리적 거리도 멀어지고 있다. 결과적으로 외로움은 모든 연령대에서 일반화하고 있다.

외로움은 주관적인 감정이지만, 높은 질병 및 사망 위험과 밀접하게 연결돼 있다. 스웨덴의 연구에 따르면, 높은 수준의 외로움을 느낀 사람들은 그렇지 않은 사람들보다 사망 위험이 27% 높았다. 1988년의 전향적 연구는 사회적 관계가 적은 사람이 많은 사람보다 평균적으로 더 일찍 사망한다는 사실을 밝혀냈다. 이후 관련 연구가 기하급수적으로 증가하면서 사회적 관계와 사망률 사이의 명확한 연관성을 확인했다.

사회적 고립과 외로움은 사람에게 신체적·심리적 영향을 미친다. 고립은 경계심을 높여 수면의 질을 떨어뜨리고, 불안과 우울을 증가시키며, 관계를 맺으려는 욕구를 높인다. 미국의 연구에서는 혼자 사는 성인이 함께 사는 성인보다 암 사망률이 평균 10% 높았으며, 인구학적 특성에 따라 이 수치는 더 증가했다. 특히 히스패닉(Hispanic)계가 아닌 백인 성인의 사망 위험은 33% 더 높았고, 대학 학위를 가진 성인의 사망 위험은 22% 더 높았다.

사회적 고립은 외로움보다 사망률과 더 독립적으로 연관돼 있었다. 사회적 관계가 부족하면 관상동맥 심장 질환 위험이 29% 증가하고, 뇌졸중 위험이 32% 증가하는 것으로 나타났다. 지속적인 외로움을 경험한 사람들은 외로움을 느끼지 않는 사람들보다 사망 위험이 57% 높았으며, 사회적 고립은 사망 위험을 28% 증가시켰다. 이런 연구는 성별, 국가, 추적 기간과 관계없이 일관

　　　　　　　　　　　　　삶이 의미를 잃기 전에

성을 보였지만, 참가자의 평균 연령에 따라 차이가 나타났다. 평균 연령이 65세 미만인 집단에서는 사회적 고립이 더 강한 예측 요인으로 작용했다.

그럼에도 불구하고 사회적 고립과 외로움은 주요 보건 문제로 충분히 인식되지 않고 있다. 코로나19 팬데믹 이전에는 사회적 고립과 연결 수준이 주로 개인적인 문제로 간주하곤 했다. 이제부터라도 노년층을 위한 활동과 서비스를 계획할 때 사회적 통합을 우선순위로 설정해야 한다. 외로움과 사회적 고립을 해결하려는 중재는 국가의 주요 사망 및 장애를 예방하기 위한 중요한 도구로 작용할 것이다. 사회적 연결을 강화하고 고립을 줄이는 노력은 단순한 개인적 선택을 넘어 공중 보건의 필수적인 목표로 자리 잡아야 한다.

인구 고령화, 암 조기 발견, 치료 기술 발전 덕분에 암 생존자 수는 전 세계적으로 꾸준히 증가하고 있다. 미국에서는 2022년 기준으로 1,800만 명 이상의 암 생존자가 존재하며, 한국에서도 약 200만 명에 이를 것으로 예상된다. 하지만 암 생존의 이면에는 고유한 어려움이 따른다. 암 진단과 치료는 인지 문제나 난청 같은 신체적 부작용은 물론 불안과 우울 등 정서적 고통을 남긴다. 이런 부작용은 생존자의 사회적 관계를 위축시키고 외로움이라는 깊은 상처를 남길 수 있다.

고립감이라는 주관적인 감정인 외로움은 노년층뿐 아니라 암 생존자들 사이에서도 두드러진 문제로 대두되고 있다. 암 진단과 치료는 신체적 건강에 장기적으로 악영향을 미칠 뿐만 아니라 외로움과 같은 감정적 부담을 가중한다. 비록 사회적 고립과 외로움이 밀접하게 관련돼 있지만, 두 개념은 서로 다른 현상으로 구분된다. 특히 유방암 생존자들에게 외로움은 집중력 저하와 인지적 어려움의 위험 요소로 작용할 수 있다. 이는 외로움이 인간 본연의 사회적 본질을 반영하며, 질병과 치명적인 위험을 증가시킨다는 사실을 뒷받침한다.

암 생존자들이 느끼는 외로움은 일반적인 고립감과는 다르다. 암이라는 특수한 상황에서 가족이나 친구조차도 환자의 걱정과 두려움을 온전히 이해하지 못하는 경우가 많다. 환자 스스로도 암 관련 걱정을 공유하기를 망설이거나, 치료 과정에서 기대했던 지원을 충분히 받지 못했다고 느끼면서 외로움이 더욱 심해진다. 이는 단순한 감정적 문제가 아닌 암 치료와 이후 관리 과정에서 반드시 다뤄져야 할 중요한 영역이다.

코로나19 팬데믹은 암 생존자들의 외로움을 극대화했다. 사회적 거리 두기와 격리 조치로 인해 정신 건강 문제가 급증했고, 많은 암 생존자가 극심한 외로움과 고립을 경험했다. 특히 청년층, 학력이 낮은 성인, 여성, 그리고 사회적 지원이 부족한 생존자들에게 외로움은 더 치명적이었다. 팬데믹은 끝났지만, 암 생존자들이 겪는 외로움의 흔적은 여전히 남아 있다.

암 생존자들 사이에서 외로움은 단순한 정서적 문제가 아니다. 외로움은 더 높은 사망 위험과 밀접하게 관련이 있으며, 이는 암 치료와 관리에서 외로움이라는 요소를 간과해서는 안 된다는 점을 보여준다. 외로움이 암 생존자들에게 남기는 영향을 줄이려면 조기 선별과 적절한 개입이 필수다.

외로움이 인지적 문제, 정신 건강 악화, 고통과 같은 부정적 건강 결과와 밀접한 관련이 있다는 것은 이미 여러 연구에서 확인된 사실이다. 하지만 암 생존자 집단에서 외로움이 사망 위험에 미치는 영향에 관한 연구는 거의 이뤄지지 않았다. 이에 미국 '건강 및 은퇴 연구(HRS)'에서 2008년부터 2018년까지 전국 대표 패널 데이터를 활용해 50세 이상의 암 생존자들을 대상으로 외로움과 사망률 사이의 관계를 종단적으로 조사했다.

이때 캘리포니아대학교 LA 캠퍼스 연구팀이 개발해 널리 사용되는 'UCLA 외로움 척도(UCLA Loneliness Scale)'의 축약 버전을 활용해 외로움을 측정했다. 모두 11개 문항으로 구성된 설문에서

각 응답은 낮은 외로움(1점)에서 심각한 외로움(3점)까지 점수를 배정받았다. 이후 외로움 점수를 합산해 낮은 외로움, 약한 외로움, 중간 외로움, 심각한 외로움의 4개 등급으로 분류하고 '콕스 비례 위험 모델(Cox Proportional Hazard Model)'을 통해 외로움과 생존율 사이의 관계를 분석했다.

총 3,447명의 암 생존자를 분석한 결과 각각 1,402명(24.3%), 1,445명(24.5%), 1,418명(23.6%), 1,543명(27.6%)의 비율로 낮은, 약한, 중간, 심각한 외로움을 보였다. 낮은 외로움을 느낀 생존자와 비교했을 때 심각한 외로움을 보인 생존자의 사망 위험은 1.67배 높게 나타났다. 외로움의 정도와 사망 위험 사이의 선형적 연관성을 밝히고, 기존 외로움과 사망률 사이의 관계를 암 생존자라는 특수한 맥락까지 확장한 중요한 연구 결과라고 할 수 있다. 이 연구는 외로움이 암 생존자의 생존율에도 영향을 미친다는 점을 증명했고, 사회적 관계가 건강을 촉진하는 주요 경로임을 확인했다. 향후 연구와 정책 개발에서는 이를 참고해 다음과 같은 세 가지 과제를 중심으로 해결책을 모색해야 할 것이다.

첫째, 사회적 관계 증진 모델을 개발해야 한다. 외로움과 고립을 줄이기 위한 효과적인 중재 및 예방 모델을 발전시켜야 한다. 이를 통해 암 생존자를 비롯한 취약한 집단의 사회적 연결을 강화할 수 있다.

둘째, 맞춤형 지원 프로그램을 도입해야 한다. 외로움의 정도와 사망률 사이의 연관성을 고려해 개인별 맞춤형 지원을 제공하는 프로그램을 설계할 필요가 있다.

셋째, 사회적 관계와 건강 사이의 인과 경로를 더 들여다봐야 한다. 사회적 관계가 건강에 미치는 메커니즘을 더 깊이 이해하기 위한 연구를 지속해야 할 것이다. 이는 더 정교한 개입 전략을 설계하는 데 필수적이다.

외로움과 사회적 고립은 단순한 감정적 문제가 아닌 생존율과 직결된 중요한 요인이다. 특히 암 생존자와 같은 취약한 집단에서 더욱 두드러진다. 암 생존자들이 느끼는 외로움은 단순한 정서적 불편함을 넘어 피로와 통증 및 수면 장애 등 심각한 건강 문제와도 밀접한 관련이 있다. 이는 외로움이 면역 체계와 염증 반응을 비롯한 생리적 기능에 악영향을 미친다는 생물학적 근거를 통해 뒷받침된다.

암 생존자의 외로움을 해결하기 위해서는 의료 시스템 전반에 걸쳐 체계적인 접근이 필요하다. 의료진은 암 생존자의 외로움을 지속해서 평가하고 이를 해결하기 위한 정서적 지원과 개입 방안을 마련해야 한다. 외로움은 치료와 생존 관리 전반에서 변화할 수 있기에 진단 초기부터 이후의 모든 과정에 걸쳐 정기적으로 평가하는 것이 중요하다.

구체적으로 외로움을 해결하기 위해 정신 건강 상담, 지역 사회 지원, 사회 네트워크 참여 등 다양한 방법이 필요하다. 암 치료 과정에서 외로움이 신체적 건강에도 영향을 미칠 수 있으므로 외로움을 경험하는 생존자에게는 수면 문제, 만성 스트레스 등과 같은 건강 문제를 해결하기 위한 적절한 의료적 지원도 제공해야 한다.

코로나19 팬데믹은 우리가 사회적 연결의 중요성을 다시 한번 깨닫게 만든 사건이었다. 외로움이라는 문제를 암 생존 관리의 중요한 영역으로 인식하고 이를 해결하기 위한 정책과 프로그램을 도입해야 한다. 암 생존자들이 외로움에서 벗어나 더 나은 삶을 살아갈 수 있도록 의료진과 공중보건 전문가들이 함께 협력할 때다. 외로움에 대한 조기 진단과 적절한 개입은 암 생존자들의 삶의 질을 높이고 진정한 치유의 길로 나아가는 첫걸음이 될 것이다.

| 사회적 관계와 건강 |

사회적 관계와 사망률 사이의 관련성을 다룬 연구들은 대개 지역 사회를 기반으로 한 코호트 연구에 의존한다. 임상시험처럼 연구 대상들을 사회적 고립 여부, 결혼 여부, 바람직한 인간관계 여부 등을 따지지 않고 무작위로 배정할 수 없기 때문이다. 이 같은 한계는 흡연과 같은 생활 습관적 위험 요인을 연구할 때와 유사하다. 예를 들어 흡연자와 비흡연자로 사람들을 무작위로 나눌 수 없지만, 흡연은 생의학 역사상 가장 철저히 검증된 질병의 주요 원인 중 하나로 꼽힌다. 이와 비슷하게 사회적 관계와 사망률 사이의 관계에 대한 실험적·단면적·전향적 증거는 상당수 존재하나 아직 충분히 이해되지는 못한 상황이다.

1970년부터 2009년 9월까지 발표된 외로움 중재 연구를 메타 분석한 결과 외로움에 대한 중재가 어느 정도 효과가 있음을 확인할 수 있었다. 총 50개의 연구가 포함됐으며, 이 가운데 12개는 사전 및 사후 연구, 18개는 비무작위 그룹 비교 연구, 20개는 무작위 그룹 비교 연구였다. 사회적 인지 중재는 유의미한 효과를 보였지만 사회적 지지, 사회적 기술, 사회적 접근 같은 다른 유형의 개입은 큰 효과를 보이지 않았다. 특히 '사회적 인지 치료

(Social Cognitive Therapy/CBT)'는 효과가 있었으나 여전히 널리 활용되지 않고 있으며, 평균적인 중재 효과에 미치지 못했다. 따라서 외로운 사람들을 괴롭히는 특정 정서적·인지적·행동적 성향에 초점을 맞춘 새로운 사회적 인지 치료를 도입할 필요가 있다.

외로움은 적대감, 스트레스, 불안과 같은 부정적인 감정을 유발할 뿐만 아니라 흡연, 알코올 남용, 신체 활동 부족 등 건강하지 못한 행동을 증가시키는 경향이 있다. 또한 면역 체계 장애와 같은 생리적 경로를 통해 더 나쁜 생존 결과로 이어질 가능성이 크다. 외로움과 사망률 사이의 생물학적 연관성을 이해하기 위해 심리적·행동적·생리적 경로를 통합적으로 분석하려는 연구가 이뤄져 왔다. 이런 연구들은 사회적 관계가 건강한 생활 습관을 촉진하고 스트레스와 우울증 같은 심리적 과정을 완화하는 데 이바지할 뿐만 아니라, 독립적으로도 건강에 긍정적인 영향을 미친다는 사실을 시사한다.

사람이 사회적으로 고립됐다고 인식하는 것은 자신을 안전하지 못한 환경에 놓였다고 느끼는 것과 같으며, 이는 심리적 경각심을 유발한다. 외로운 사람들은 세상을 위협적인 장소로 인식하며, 부정적인 사회적 상호 작용을 더 많이 경험하고, 부정적인 정보를 기억하는 경향이 있다. 이는 부정적인 사회적 기대를 강화

삶이 의미를 잃기 전에

해 더 나쁜 행동과 결과로 이어질 수 있다. 외로움은 신체 활동 감소를 유발하며, 이는 비만, 알코올 남용, 심혈관 질환과 같은 건강 문제를 더욱 악화시킨다. 예를 들어 암 생존자들 사이에서 외로움은 더 낮은 수면의 질, 더 큰 피로, 통증 증가와 밀접하게 관련돼 있다.

외로움은 단순히 심리적 영향을 넘어서 신체적으로도 광범위한 영향을 미친다. 만성 외로움은 스트레스, 불안, 적대감을 증폭시켜 혈관 건강에 악영향을 미친다. 특히 아드레날린(adrenaline)과 유사한 에피네프린(epinephrine) 호르몬 수치 증가로 인해 혈압이 상승하며, 이는 심혈관 질환의 주요 위험 요소로 작용한다. 또한 면역 체계의 기능을 저하하고 염증 반응을 강화하는 등 신체 전반에 부정적인 영향을 미친다. 외로움은 '헤르페스 바이러스 감염증(Herpesviral Infection)'과 '엡스타인-바 바이러스(Epstein-Barr Virus/EBV)' 같은 감염에 대한 면역 반응을 약화하며, '자연 살해 세포(Natural Killer Cell/NK Cell)' 활동을 저하한다.

사회적 관계가 건강에 미치는 영향을 설명하기 위한 두 가지 주요 이론 모델이 있다. 첫 번째는 '스트레스 완충 가설(Stress Buffering Hypothesis)'로, 이 모델은 사회적 관계가 인생을 뒤흔든 질병, 사건, 전환점 등의 스트레스 요인에 대해 적응 행동과 신경

내분비 반응을 촉진하는 자원을 제공한다고 본다. 두 번째는 '주요 효과 모델(Main Effect Model)'인데, 사회적 관계가 건강한 행동을 모델링하거나 자존감과 삶의 목적을 강화하는 역할을 한다고 설명한다.

외로움이 건강에 미치는 부정적인 영향을 완화하고 건강을 증진하기 위한 중재 설계가 필요하다는 점은 분명하다. 2025년 1월에 발표된 〈네이처(Nature)〉 '인간 행동(Human Behavior)' 분석 연구에서도 외로움과 사회적 고립이 심혈관 질환, 제2형 당뇨병, 뇌졸중, 사망률과 관련한 생물학적 메커니즘을 구체적으로 밝힌 바 있다. 영국 바이오뱅크(UK Biobank)의 2,920개 혈장 단백질로 4만 2,062명의 조사 대상자의 데이터를 분석한 결과, 염증 및 항바이러스 반응과 유관한 단백질이 외로움과도 밀접하게 연결돼 있다는 사실을 확인할 수 있었다.

사회적 관계가 사망률에 미치는 영향에 대한 연구가 점점 더 주목받고 있지만, 주요 보건 기관과 대중은 여전히 이를 중요한 사망 위험 요소로 받아들이지 못하고 있다. 이는 사회적 관계를 측정하는 방법이 다양하고 주관적일 수 있다는 점, 그리고 연구 결과가 때로는 일관되지 않게 보이는 데서 비롯된다. 사회적 관계가 건강과 생존에 미치는 효과는 평가 방식에 따라 달라진다. 예를 들어 단순히 '혼자 사는지' 여부를 묻는 평가 방식은 사망 위험을 가장 낮게 예측하지만, 사회적 통합을 다차원적으로 평가하는 연구에서는 사망 위험 감소를 가장 정확히 예측했다. 다양한 평가 방식을 결합한 연구는 사회적 관계와 건강 및 사망률 사이의 연관성을 더욱 잘 드러낸다.

검증된 측정 도구를 사용하는 것이 중요하다. '혼자 사는지' 여부를 단일 항목으로 평가하는 것은 사회적 고립의 모든 측면을 포착하지 못할 수 있다. 반면 앞서 언급한 'UCLA 외로움 척도'의 11개 항목 축약형은 신뢰도와 유효성이 높은 평가 도구다. 이 척도는 우정 부족과 고립감 등 주관적인 경험을 포착할 수 있으며, 신뢰도 평가 도구인 '크론바흐 알파(Cronbach's Alpha)' 계수도 0.88로 높은 신뢰도를 보인다.

사회적 관계는 '구조적' 측면(사회적 네트워크의 크기와 통합 정도), '기능적' 측면(받는 사회적 지원), '인지적' 측면(사회적 지원에 대한 믿음과 인식)으로 정의된다. 이 세 가지 구성 요소는 각기 다른 방식으로 건강에 영향을 미친다. 따라서 단일한 방식의 측정보다 다양한 측정 접근법을 통해 더 깊이 있는 평가를 해야 한다.

사회적 관계는 단순한 연결을 넘어 환자 치료와 의료 준수, 입원 기간 단축 등에서도 중요한 역할을 한다. 아울러 심혈관 질환 같은 주요 사망 원인에도 영향을 미친다. 하지만 사회적 관계 부족이 사망 위험 요소라는 인식은 아직도 충분히 반영되지 못하고 있다. 이제 의사와 의료 전문가뿐 아니라 정부와 언론도 사회적 관계의 중요성을 인식해야 한다. 건강한 노화를 지원하고 사망 위험을 줄이기 위해 사회적 연결성을 강화하는 정책과 프로그램이 필요하다. 현대 사회에서 기술과 세계화 수준은 높아졌으나 이에 비례해 사람들은 점점 더 고립되고 있다. 이 상황에서 사회적 관계의 본질과 그 영향력을 이해하고 이를 개선하기 위한 중재와 정책을 마련해야 한다.

사람 사이 관계의 가치를 다시 생각할 때다. 사회적 관계는 단순한 인간적 연결을 넘어 생존에 영향을 미치는 중요한 요소다. 검증된 도구를 사용해 사회적 관계를 측정하고 이를 개선하려는 노력을 기울이는 것은 단순히 외로움을 해소하는 수준을 넘어 건강과 생명을 연장하는 데 이바지한다. 관계라는 보이지 않는 다리를 통해 더 나은 삶과 사회를 만들어가는 일은 우리의 선택과 행동에 달렸다.

| 낙관주의가 생명을 지키는 방식 |

낙관주의가 장수의 비결이라는 사실도 과학적으로 증명됐다. 부정적 감정, 사회적 요인, 만성 스트레스와 심혈관 질환 사이의 연관성을 입증하는 다양한 연구 결과가 이를 뒷받침한다. 우울증이나 불안 같은 부정적 감정뿐 아니라 외로움 같은 사회적 요인이나 만성 스트레스 상태도 심혈관 질환에 부정적 영향을 끼친다.

향후 좋은 일이 일어날 것이라고 믿는 낙관적인 성향은 직장, 학교, 스포츠, 정치, 인간관계 등 다양한 생활 영역에서 성공 가능성을 높이는 중요한 요소다. 최근 연구 사례는 낙관주의가 신체 건강과 긍정적인 연관성이 있음을 보여준다. 그렇지만 사고방식, 즉 긍정적 사고 또는 부정적 사고와 심혈관 질환 사이의 연관성 연구는 아직 확실히 규명되지는 않았다. 사고방식이 변화 가능하다는 점을 고려할 때 긍정적 사고가 심혈관 질환 위험이나 사망률을 줄일 수 있다면 임상시험을 통해 더 명확히 확인할 필요가 있어 보인다.

낙관주의와 심장 건강 사이의 관계를 다룬 최초의 유의미한 연구 결과는 2001년 로라 쿠브잰스키(Laura Kubzansky) 연구팀이 이끌어냈다. 이 연구는 우울증이나 심리적 고통과 같은 부정적인 요소를 넘어 낙관주의의 독립적이고 긍정적인 효과를 보여준 중요한 발견이었다. 이후 진행된 연구들 역시 우울증이나 고통 등 교란 요인을 고려한 상태에서도 낙관주의가 심혈관 질환 위험을 낮춘다는 일관된 결과를 보였다.

이와 같은 연구 결과를 더욱 체계적으로 분석하고자 낙관론과 비관론 그리고 심혈관 건강 사이의 연관성을 평가한 메타 분석이 수행됐다. 2019년 7월까지의 모든 코호트 연구를 검토한 이 분석은 낙관론과 비관론이 심혈관 사망률, 비치명적 심근경색, 뇌졸중, 새롭게 발병한 협심증 같은 심혈관 질환 및 모든 원인 사망률과 어떻게 연관돼 있는지 조사했다. 22만 9,391명을 대상으로 한 15건의 연구 가운데 10건은 심혈관 질환 데이터를, 9건은 모든 원인 사망률 데이터를 포함했다. 분석을 위한 평균 추적 기간은 13.8년(범위 2년~40년)이었다.

결과적으로 낙관주의는 심혈관 질환 발생 위험을 유의미하게 낮췄다. 구체적으로 살피면 낙관적인 사람들은 심혈관 질환으로 인한 사망 위험이 35% 감소했으며, 모든 원인 사망률 역시 14% 감소한 것으로 나타났다. 이런 보호 효과는 심리적 고통, 교육 수준, 신체 활동 등을 보정한 분석에서도 동일했다. 낙관주의가 단순히 부정적인 심리적 요인의 부재를 넘어 독립적인 보호 요인임을 보여준 결과다.

정서적 활력과 사기 같은 긍정적인 심리적 요인은 사회적·경제적 특성과 건강 지표를 통제한 이후에도 건강을 보호하는 것으로 나타났다. 브렌다 페닝스(Brenda Penninx) 연구팀은 고령의 장애 여성을 대상으로 정서적 활력이 새로운 장애와 사망 위험을 감소시킨다는 점에 주목했다. 정서적으로 활력 있는 여성은 그렇지 않은 여성에 비해 더 나은 건강 효과를 보였으며, 이는 단순히 우울증이 없었기 때문만은 아니었다. 정서적 활력을 가진 사람들은 대체로 더 건강한 생활 방식을 유지하며, 치료를 효과적으로 받고, 스트레스에 직면했을 때 더 높은 회복탄력성과 대처 전략을 보여준다. 이는 궁극적으로 건강의 질과 생존율을 향상하는 데 긍정적인 영향을 미친다.

심리적·사회적 위험 요인은 간접적인 '행동' 메커니즘과 직접적인 '생리적' 메커니즘 모두를 통해 부정적인 영향을 미치는 경향이 있다. 현재까지 축적된 자료들은 낙관주의 역시 이와 비슷한 메커니즘을 통해 건강에 긍정적인 영향을 미칠 수 있음을 시사한다. 행동 메커니즘 측면에서는 신체 활동, 식습관, 흡연과 같은 주요 심장 건강 행동에서 낙관주의가 어떤 영향을 미치는지 살펴본 대규모 전향적 연구와 무작위 효과 메타 분석이 이뤄졌다. 그 결과 낙관적인 사람들이 더 나은 건강 행동을 보이는 경향이 있는 것으로 나타났다. 예컨대 '여성 건강 이니셔티브(Women's Health Initiative)' 연구에 참여한 여성 중에서 낙관적인 성향이 강한 사람들은 더 질 좋은 식단을 유지하고 신체 활동을 꾸준히 이어가는 비율이 높았다.

생리적 메커니즘 측면에서도 낙관주의는 다양한 병태생리학적 요인과 더 밀접한 연관성을 보였다. 이는 염증 조절, 내피세포 기능, 대사 기능, 텔로미어 길이 및 텔로머라제 활성, 외래 혈압, 시상하부-뇌하수체-부신피질(HPA) 축의 기능과 같은 생리적 지표에 나타났다. 이런 연구 결과는 낙관주의가 단순히 심리적인 요소를 넘어 생리적 기능과도 직접적으로 연결돼 있음을 뒷받침한다.

낙관주의는 오랫동안 삶의 긍정적인 속성으로 인식돼왔다. 최근 낙관주의가 심혈관 건강에 긍정적인 영향을 미치며, 반대로 비관주의가 심혈관 위험을 높인다는 메타 분석 결과는 낙관주의와 심장 건강 사이에 명확한 연관성이 있음을 시사하는 중요한 발견으로 평가된다. 하지만 심장 및 심혈관 질환 권위자 앨런 로잔스키(Alan Rozanski)는 이와 관련된 생의학적 인과관계를 확립하기 위해 세 가지 주요 과제를 해결해야 한다고 주장했다.

삶이 의미를 잃기 전에

첫째, 낙관주의와 의학적 혜택 사이의 명확한 메커니즘과 생리적 과정을 구체화할 필요가 있다. 낙관주의가 의학적 효과를 어떻게 촉진하는지에 대한 구체적인 목표 설정, 문제 해결, 대처 전략의 과학적 연관성이 밝혀져야 한다. 이를 통해 낙관주의를 평가하고 활용하는 임상적 개입이 체계적으로 이뤄질 수 있다.

둘째, 낙관론과 비관론에 대한 명확한 진단 기준이 마련돼야 한다. 일테면 우울증 선별검사로 널리 사용되는 환자 건강 설문지(PHQ-9)는 우울증 위험을 정의하는 데 임상적으로 유용한 기준점을 제공한다. 마찬가지로 낙관주의와 비관주의를 명확히 정의할 수 있는 합의된 진단 기준이 마련된다면 이를 통해 역학적 조사를 진행하고 인과관계를 더 분명히 설명할 수 있을 것이다. 나아가 임상에서도 신뢰할 수 있는 평가 도구로 활용될 가능성이 높아진다.

셋째, 낙관주의를 기반으로 한 예방적 개입이나 치료 전략이 심혈관 질환 및 기타 질병의 발생과 사망률 감소에 효과적인지 검증이 필요하다. 임상시험을 통해 낙관주의의 심장 보호 효과와 이점이 실질적으로 입증된다면, 의료 현장에서 이를 환자들에게 안내하고 적용할 수 있는 기반이 마련될 것이다.

낙관주의는 단순히 긍정적인 심리적 태도로 끝나는 것이 아니라, 생리적 메커니즘과 연결돼 건강에 긍정적인 영향을 미치는 강력한 자산이 될 수 있다. 이를 더 체계적으로 이해하고 임상적으로 활용하는 방법을 모색하는 것이 향후 과제다.

한편으로 낙관주의 같은 긍정적인 심리적 요인이 관상동맥 심장 질환이나 심혈관 질환으로 인한 사망 위험을 감소시킨다는 연구도 다수 진행됐다. 그러나 낙관주의와 뇌졸중 사이의 관계를 구체적으로 다룬 연구는 상대적으로 드물다. 최근 핀란드 성인을 대상으로 한 연구에서는 낮은 비관주의가 뇌졸중 위험 감소와 연관이 있음을 발견했지만, 낙관주의와 뇌졸중 사이에는 명확한 연관성이 없는 것으로 나타났다.

이와는 대조적으로 미국의 '건강 및 은퇴 연구' 데이터를 활용한 메타 연구에서는 낙관주의와 뇌졸중 사이에 유의미한 관계가 확인됐다. 뇌졸중 병력이 없는 성인 6,044명(남성 2,542명, 여성 3,502명)을 대상으로 2년 동안 추적 관찰을 진행한 뒤 만성 질환, 주관적 건강 상태, 사회인구학적 요인, 행동적·생물학적·심리적 요인을 보정해 분석했다. 불안, 냉소적 적대감, 우울증, 부정적 정서, 신경증, 비관주의와 같은 부정적 심리적 요인도 함께 고려해 분석한 결과 낙관주의는 뇌졸중 위험 감소와 매우 밀접한 관련이 있었다. 낙관주의 척도(3점~18점)에서 점수가 한 단위 상승할 때마

삶이 의미를 잃기 전에

다 뇌졸중 위험이 9% 감소하는 것으로 나타났다. 이런 결과는 다양한 사회적·행동적·생물학적·심리적 위험 요인을 통제한 후에도 유효했다.

낙관적인 사람들은 건강을 해치는 행동을 최소화하고 웰빙을 증진하는 생활 방식을 유지하는 경향이 있다. 이들은 긍정적인 삶의 관점을 바탕으로 건강한 결정을 내릴 가능성이 더 높다. 예를 들어 낙관적인 사람은 심장 재활 프로그램에 더 적극적으로 참여해 신체 활동을 늘리고, 체지방과 포화지방 섭취를 줄이며, 관상동맥 건강 지수를 개선할 가능성이 크다. 뇌졸중이 개인과 가족, 사회에 막대한 심리적·사회적·재정적 부담을 준다는 점에서 낙관주의가 뇌졸중 예방에 미치는 긍정적인 역할을 더 깊이 이해하기 위한 연구가 필요하다. 추가 연구를 통해 낙관주의가 뇌졸중 예방 가이드라인의 보완 요소로 자리 잡을 수 있다면, 낙관주의를 기반으로 한 중재 전략이 효과적인 예방 도구가 될 가능성도 있다.

일본 노년층 인구를 대상으로 한 연구에서는 낙관주의와 수명 사이에 유의미한 상관관계가 없다는 결과가 나왔다. 2010년 일본 전역의 노년층을 대상으로 한 코호트 연구 '일본 노년학 평가 연구(Japan Gerontological Evaluation Study)'에서 65세 이상 1만 472

명을 7년 동안 추적 조사한 결과, 낙관주의는 수명 연장과 관련이 없었다. 이는 기존 서구 인구를 대상으로 한 연구들과는 상반된 결과로, 낙관주의와 수명 사이의 관계가 문화적 차이에 따라 다를 수 있음을 시사한다.

또한 '노화에 대한 주관적 견해(Views on Aging/VOA)'가 생존율과 어떻게 연관되는지에 대한 연구는 제한적이었다. 하지만 최근 연구는 노화에 대한 부정적 견해가 사망률 증가와 관련이 있으며, 반대로 긍정적 견해는 생존율을 높이는 요인임을 보여준다. 특히 '연령 관련 변화에 대한 성인의 인식(Awareness of Age-Related Change/AARC)' 척도를 활용한 연구는 80세 이상 초노년기를 대상으로 부정적 견해가 생존 위험을 증가시키고 긍정적 견해가 생존 기간을 연장한다는 결과를 제시했다. 이 연구는 사회 인구학적 요인, 삶의 통제감, 참여도, 건강 상태와 관계없이 노화에 대한 주관적 견해가 초노년기의 생존율에 독립적으로 영향을 미친다는 점을 증명했다.

낙관주의와 노화에 대한 긍정적인 태도도 건강과 생존율에 주효한 영향을 미치는 요인으로 평가할 수 있다. 이들 심리적 요인을 심혈관 건강 및 노화 관련 연구와 예방 전략에 포함한다면 장수와 웰빙을 위한 더 포괄적인 접근이 가능할 것이다.

삶이 의미를 잃기 전에

| 아직 젊다는 믿음의 기적 |

스스로 느끼는 나이도 노년기 건강, 신체적 한계, 웰빙에 대한 개인의 평가를 잘 반영한다. 대체로 노인들은 자신이 실제 나이보다 젊다고 느끼는 경향이 있으며, 이런 인식이 사망률 감소와 연관이 있을 가능성이 주목받고 있다.

52세 이상 성인 6,489명을 대상으로 한 대규모 연구에서 스스로 '인지하는 연령(Perceived Age/인지 연령)'과 사망률 사이의 연관성을 조사했다. 이 연구는 기존 건강 문제, 신체 기능 저하, 우울증, 사회적 고립, 인지 기능 장애, 건강 습관 등 다양한 요인들을 반영해 분석했다. 연구 대상자들의 평균 실제 나이는 65.8세였지만, 이들의 평균 인지 연령은 56.8세로 스스로를 약 9년 정도 젊다고 느꼈다. 응답자의 69.6%는 실제 나이보다 3세 이상 젊다고 느꼈고, 25.6%는 나이와 비슷하다고, 4.8%는 나이보다 더 늙었다고 답했다.

8년간의 추적 관찰 결과 나이를 젊게 느낀 사람들의 사망률은 14.3%로, 실제 나이와 비슷하다고 느낀 사람들(18.5%)이나 나이를 더 많다고 느낀 사람들(24.6%)에 비해 훨씬 낮았다. 나이를 더 많다고 느낀 사람들이 사망할 위험은 실제 나이보다 젊다고 느낀 사람들에 비해 41% 더 높았다(위험비 1.41). 이 결과는 추적 조사 시작 후 12개월 이내 사망자를 제외한 경우에도 유의미했으며, 이는 단순히 말기암 상황에 이른 사람들의 인식 때문만은 아님을 시사한다.

특히 심혈관 질환으로 인한 사망과 스스로 인지한 나이 사이에는 강한 연관성이 나타났지만, 암 사망률과는 유의미한 관계가 발견되지 않았다. 자신을 젊게 느끼는 사람들은 건강한 생활 습관을 유지하고, 회복탄력성이 높으며, 삶에 대한 의지가 강한 경향이 있어 이런 요인들이 사망률 감소에 이바지할 가능성이 있다. 그러나 이 연관성을 설명하는 메커니즘을 명확히 하기 위해 추가적인 연구가 필요하다. 또한, 노화를 긍정적으로 받아들일 수 있는 건강 메시지를 통해 스스로 인지하는 나이를 젊게 느끼도록 돕는 중재 방안을 개발할 필요가 있다.

핀란드 유바스큘라(Jyväskylä) 지역에서 65세~84세의 남성 395명과 여성 770명을 대상으로 진행된 '에버그린 프로젝트'는 스스로 인지하고 있는 연령이 실제 나이와 관계없이 사망률을 예측하는 중요한 변수임을 보여준다. 연구 대상자들을 13년 동안 추적 조사한 결과 신체적으로 자신을 더 젊다고 인지한 그룹의 사망률이 가장 낮았고, 반대로 자신을 늙었다고 느낀 그룹의 사망률이

삶이 의미를 잃기 전에

가장 높았다. 정신적으로 젊다고 느낀 그룹도 낮은 사망률을 보였지만, 정신적 연령의 사망률 예측력은 인지 상태를 보정한 후에는 유의미한 결과를 보여주지 않았다.

키리아코스 마르키데스(Kyriakos Markides)와 샤리스 파파스(Charisse Pappas)는 60세 이상 노인 460명을 대상으로 한 4년 동안의 종단 연구에서 스스로 인지하는 연령이 건강 상태를 통제한 이후에도 생존율의 예측 변수로 작용한다는 결과를 제시했다. 이는 인지 연령이 단순한 건강 지표를 넘어 주관적 웰빙과 노화 속도에 대한 개인의 평가를 반영하는 요소일 수 있음을 보여준다.

인지 연령은 신체적·정신적 연령으로 나뉘며, 연구에서는 두 가지 질문이 사용됐다. 신체적 연령과 관련된 질문은 "당신은 신체적으로 더 젊거나, 실제 나이와 같거나, 더 늙었다고 느낍니까?"였고, 정신적 연령과 관련된 질문은 "당신은 정신적으로 더 젊거나, 실제 나이와 같거나, 더 늙었다고 느낍니까?"였다. 결과적으로 실제 나이보다 자신을 늙었다고 인지하는 사람들은 성별, 교육 수준, 질병 상태 등을 보정한 뒤에도 사망 위험이 증가했다. 특히 신체적 연령은 정신적 연령보다 사망률을 더 잘 예측하는 변수로 나타났다. 이는 자신을 실제 나이보다 더 늙었다고 인지하는 게 노화와 질병의 초기 신호가 될 수 있음을 보여준다. 인지 연령은 건강 악화 위험이 높은 개인을 식별하고 예방적 개입을 설계하는 데 유용한 정보를 제공할 수 있다.

주관적 연령은 개인의 나이에 대한 인지, 역할 참여, 건강 및 신체적 제한, 사회적 연령 규범 등 다양한 요인에 의해 결정된다. 실제 나이에 비해 자신을 더 젊게 인지하는 사람들은 상대적으로 더 건강하고, 활력이 넘치며, 정신적·신체적으로 긍정적인 평가를 받는 경향이 있다. 이런 주관적 나이는 개인의 웰빙과 미래에 대한 신념을 반영하며, 실제 나이보다 자신을 늙었다고 느끼는 사람들은 더 많은 질병을 앓고 건강 상태와 인지 기능에서 더 나쁜 결과를 보이는 경우가 많다.

교란 요인을 보정한 후에도 스스로 느끼는 나이가 사망률에 미치는 영향은 여전히 유의미한 것으로 드러났다. 주관적 연령이 단순한 웰빙 지표를 넘어서 노화에 대한 문화적 관점과 미래에 대한 기대를 아우르는 더 큰 개념임을 보여준 결과다. 이런 결과는 노화 및 주관적 연령의 인지를 개선하는 개입이 건강 증진과 사망률 감소에 이바지할 수 있음을 시사한다.

스스로 인지하는 연령이 생존 및 노화와 관련된 주요 표현형 유전자와 어떤 연관성이 있는지 탐구하는 연구도 진행됐다. 개리 A. 보르칸(Gary A. Borkan)과 앨버트 H. 노리스(Albert H. Norris)

는 '노화에 대한 볼티모어 종단 연구(Baltimore Longitudinal Study of Aging/BLSA)'에서 신체적 노화 지표와 사망률 사이의 관계를 분석해 인지 연령이 생물학적 연령의 유효한 지표가 될 수 있는지를 분석했다. 한편으로 '덴마크 쌍둥이 노화 종단 연구(Longitudinal Study of Aging Danish Twins/LSADT)'는 얼굴 사진을 통해 평가한 인지 연령이 단기적인 사망률을 예측할 수 있음을 발견했다. 이 연구는 간호사를 평가자로 활용했으며, 사망률에 대해 2년 동안 추적 관찰했다. 간호사들은 중증 질환이나 임박한 사망 위험과 관련해 외모를 인식하는 데 전문성이 있기에, 의료진은 인지 연령 등급을 특히 유용한 지표로 간주한다.

이 연구는 70세 이상의 쌍둥이 1,826명을 대상으로 진행됐으며, 2008년까지 675명(37%)이 사망했다. 평가에는 세 그룹의 평가자가 참여했다. 첫 번째는 25세에서 46세 사이의 여성 간호사 20명, 두 번째는 22세에서 37세 사이의 남성 학생 교사 10명, 그리고 세 번째는 70세에서 87세 사이의 고령 여성 11명으로 구성됐다. 참여한 쌍둥이들은 신체 및 인지 기능 검사를 받았으며, 노화의 분자적 바이오마커인 백혈구 텔로미어 길이도 측정됐다.

연구의 특징 중 하나는 평가자들이 쌍둥이의 나이대를 전혀 모르는 상태에서 사진만을 보고 평가를 진행했다는 점이다. 평가 과정에서는 사진이 무작위 순서로 표시돼 이전 평가의 영향을 최소화했다. 각 쌍둥이에 대한 평가자들의 평균 점수가 해당 쌍둥이의 인지 연령으로 사용됐다.

결과적으로 세 그룹의 평가자 모두에서 인지 연령은 생존과 유의미한 상관관계를 보였다. 연대순 나이, 성별, 환경, 신체 및 인지적 기능을 보정한 분석에서도 이런 연관성은 유지됐다. 쌍둥이 중 나이가 더 많아 보이는 쌍둥이가 먼저 사망할 가능성이 컸으며, 이는 쌍둥이 사이의 인지 연령 차이가 클수록 더 뚜렷하게 나타났다. 이는 유전적 요인이 인지 연령과 생존에 공통으로 영향을 미칠 가능성을 시사한다. 예를 들면 심혈관 조직 상태에 영향을 미치는 유전적 요인이 심근경색 위험뿐만 아니라 피부 외관에도 영향을 미칠 수 있다는 점을 보여준다. 연구는 아울러 인지 연령이 백혈구 텔로미어 길이와 신체적·인지적 기능과도 유의미한 상관관계가 있고, 연대순 나이와 독립적으로 사망률을 예측하는 강력한 지표임을 밝혔다. 이는 인지 연령이 단순히 외모에 대한 평가를 넘어 노화의 주요 바이오마커로서 중요한 역할을 할 수 있음을 보여준다.

의료 현장에서 "나이에 비해 늙어 보인다"는 평가는 오랜 기간 건강 상태를 평가하는 직관적 척도로 사용됐다. 하지만 인지 연령이 과도하게 주관적이고 신뢰할 수 없는 척도로 간주되면서 과학적 연구 대상이 되는 데는 제한이 있었다. 주관적 건강 평가가 장기 생존의 강력한 예측 변수로 입증되기 전까지는 별로 주목받지 못했던 때와 비슷한 상황이다. 그래도 이후 주관적 건강 평가가 설문 조사 및 임상 연구에서 표준 지표로 자리 잡은 것처럼, 인지 연령도 노화의 바이오마커로서 과학적으로 검증된다면 매우 중요한 변수가 될 가능성이 크다.

흥미로운 점은 인지 연령이 특정 분자적 바이오마커나 유전적 변이와 비교했을 때도 강력한 생존 예측 변수가 될 수 있다는 것이다. 현재로서는 '아포지단백 E 유전자(Apolipoprotein E)'와 'FOXO3a(Forkhead Box O3a)' 유전자만이 수명과 일관되게 관련된 일반적인 유전적 변이로 확인됐지만, 인지 연령은 더 직관적이고 실용적인 도구로 활용될 가능성이 있다. 특히 노화와 관련된 흡연, 자외선 노출, 사회적 지위, 우울증 점수 등의 건강 위험을 반영하고 요약하는 데 인지 연령은 유용한 정보를 제공할 수 있다. 얼굴 사진을 기반으로 한 인지 연령은 노인의 생존 예측에서 DNA 표본보다 더 풍부한 정보를 제공할 수 있다는 점에서 임상적으로 큰 의미가 있다.

| 나이 들수록 돕고 살아야 하는 이유 |

자원봉사가 사망률을 낮출 수 있을까? 이타적 삶이 수명을 연장할까? 은퇴나 배우자와의 사별처럼 중요한 삶의 전환기에 자원봉사는 상실감과 통제감을 회복하려는 방법으로 선택되곤 한다. 자원봉사는 종종 이타적 행위로 여겨지지만, 실제로는 자원봉사자 자신에게도 웰빙, 건강, 생존에 긍정적인 영향을 미칠 수 있다. 그러나 일부 연구자들은 이런 긍정적인 효과가 자원봉사 그 자체보다는 자원봉사와 관련된 다른 유익한 특성에 기인할 가능성이 크다고 본다.

자원봉사가 생존율에 미치는 영향을 설명하는 몇 가지 주요 가설이 있다. 그중 하나는 '보완 가설(Compensatory Hypothesis)'로, 자원이 부족할수록 자원봉사가 생존율에 긍정적인 영향을 미칠 수 있다는 주장이다. 자원의 수준이 높을수록 자원봉사와 생존 사이의 연관성이 더 강하다고 보는 반대 의견도 존재한다. 후자는 자원이 부족한 상태에서 자원봉사가 오히려 대처 능력을 초과하게 만들어 부담을 줄 수 있다는 논리를 바탕으로 한다. 연구에 따르면, 사회적 접촉이 활발하거나 종교 활동에 자주 참여하는 자원봉사자들이 그렇지 않은 자원봉사자보다 더 오래 생존하는

삶이 의미를 잃기 전에

경향을 보였다.

'영국 노화 종단 연구(English Longitudinal Study of Ageing/ELSA)' 를 통해 자원봉사와 노년층 생존율 사이의 연관성을 조사한 연구는 자원봉사자가 비자원봉사자보다 생존율이 높다는 결과를 도출했다. 그러나 여러 교란 요인을 보정한 결과, 자원봉사가 직접적으로 생존에 영향을 미친다는 증거는 발견되지 않았다. 오히려 자원봉사자들은 생존율을 높이는 다른 유리한 특성을 가진 경우가 많았다. 자원봉사자들은 비자원봉사자보다 더 건강하고, 경제적으로 여유가 있으며, 호의적인 성향을 지닌 경향이 있었다.

연구에 따르면 건강한 신체를 가진 자원봉사자들은 마찬가지로 건강하긴 하나 자원봉사를 하지 않은 사람에 비해 사망률이 유의미한 수치인 29% 감소한 데 반해, 장애가 있는 자원봉사자들에게서는 비자원봉사 장애인들과 비교해 생존 이점이 없었다. 대니얼 사빈(Daniel Sabin) 연구팀은 자원봉사가 건강한 사람들에게서만 사망 위험을 감소시킨다고 보았지만, 모리스 오쿤(Morris Okun) 연구팀은 장애가 있는 사람들에게서 자원봉사가 생존율에 더 긍정적인 영향을 미친다고 주장했다. 이런 상반된 결과는 자원봉사의 효과가 활동의 성격, 신체적 부담, 자원봉사자의 동기에 따라 달라질 수 있음을 시사한다.

자원봉사의 혜택은 활동의 성격과 강도에 따라 달라질 수 있다. 신체적으로 더 활동적인 자원봉사는 건강한 사람들에게 더 큰 의미를 갖는 데 반해, 장애가 있는 사람들에게는 이런 활동이 오히려 참여의 장벽이 될 수 있다. 또한 자원봉사를 하는 이유가 이타적이라기보다는 자신에게 더 좋은 이미지를 심기 위한 자기중심적 동기에서 비롯된다면, 자원봉사가 생존에 유의미한 영향을 미치지 않을 수 있다.

현재까지의 연구 결과는 자원봉사가 건강한 노인의 생존율을 높이는 데 이바지할 수 있음을 보여준다. 그러나 장애가 있는 노인들에게 자원봉사가 어떻게 영향을 미칠 수 있는지에 대한 추가 연구가 필요하다. 자원봉사 활동의 유형, 신체적·사회적 활동 사이의 차이, 동기와 만족도 등의 요인을 함께 고려한 연구가 필요하다. 자원봉사가 건강과 생존에 미치는 영향을 더 심층적으로 이해하려면 활동에 투입되는 노력과 가치를 포함한 다양한 차원을 다루는 연구 설계가 필요할 것이다.

OECD 국가에서 65세 이상 인구의 비중이 2000년 13%에서 2018년 17%로 급증했다. 이런 고령화는 사회적 부양 부담을 측정하는 지표인 노년층 부양 비율로 나타나는데, 이는 노동 연령 인구 대비 노년층 인구의 비율이다. OECD 평균 노년층 부양 비

삶이 의미를 잃기 전에

율은 1970년 15.2명에서 2018년 26.4명으로 대폭 증가했으며, 특히 유럽(30.7명)이 미국(24.5명)보다 더 높은 비율을 기록했다. 우리나라의 경우 노년층 부양 비율은 2022년 기준 24.4명에서 2072년에는 104.2명으로 네 배 이상의 증가가 전망되고 있다. 대한민국은 OECD 국가 가운데 2072년 노년층 부양 비율이 노동 인구당 100명을 넘길 것으로 예상되는 유일한 나라다.

노인 인구는 계속 증가하는 반면, 경제 활동 연령대의 인구는 감소하며 사회적 불균형이 심화하고 있다. 이는 사회보장, 연금, 보건 프로그램 등 공공 정책의 지속 가능성에 심각한 영향을 미친다. 한편, 은퇴한 노인들이 자원봉사를 통해 사회에 이바지하면서 동시에 건강을 유지할 가능성이 제기되고 있다. 많은 국가에서 은퇴자들이 자원봉사 활동에 참여하도록 독려하고 있으며, 이들이 건강을 유지하면서 사회적 부담을 줄이는 데 좋은 영향을 미칠 것으로 기대된다.

65세 이상 노인의 신체적·정신적 건강에 자원봉사가 어떤 영향을 미치는지에 대한 메타 분석 결과, 자원봉사는 사망률을 약 24% 감소시키고, 기능적 역량을 유지하며, 우울증에도 긍정적인 영향을 미치는 것으로 나타났다. 자원봉사는 공동체의 복지에 이바지하는 동시에 자원봉사자 본인에게도 긍정적인 영향을 미치며, 비용이 적게 드는 사회복지 중재로 권장되고 있다. 자원봉사 기회를 더 잘 홍보해 많은 노인이 접근 가능하도록 지원한다면 참여율을 높이고 사회에 더 큰 영향을 미칠 수 있다.

전세계적으로 자원봉사 인구가 증가하고 있다. 미국, 캐나다, 덴마크 등에서는 67세~77세의 자원봉사자 비율이 시간이 지날수록 더 많아지고 있다. 이는 수명의 증가와 은퇴 시기의 변화로 인해 자원봉사 활동이 노인의 삶에서 중요한 역할을 하고 있기 때문이다. 2050년까지 미국에서 65세 이상 인구는 전체 인구의 21%에 달할 것으로 예상되며, 노년층 부양 비율은 38%로 증가할 전망이다. 유럽에서는 65세 이상 인구 비중이 29%로 증가하고 고령 부양 비율이 55%에 이를 것으로 보인다.

노인의 자원봉사 참여가 증가하는 주요 이유 중 하나는 건강 증진과 활동적인 노화 생활 방식의 확대이다. 또한, 자원봉사 활동이 전문화되고 노년층을 위한 채용 전략이 강화되면서 노인의 자원봉사 참여가 촉진되고 있다. 유럽 여러 국가는 노인의 자원봉사 활동을 늘리기 위한 명확한 전략을 마련하고 있으며, 미국에서도 고령 인구를 대상으로 한 구체적인 프로그램이 운영되고 있다. 우리나라는 이미 초고령사회로 접어든 상황이기에 노년층 부양 문제를 해결하기 위한 대책을 시급히 마련해야 한다. 노년층

삶이 의미를 잃기 전에

부양을 넘어 노인의 자원봉사 참여를 통해 사회복지에 이바지하면서도 스스로 건강을 증진하는 전략을 모색할 시기다.

은퇴 후 노인들은 건강을 유지하며 의미 있는 삶을 살고자 하는 욕구가 크다. 은퇴는 때로 건강을 악화시킬 위험을 동반하기도 하지만, 그 영향은 은퇴가 자발적인지 강제적인지, 은퇴 후 삶의 주관적 유용성에 따라 다르다. 의미 있는 활동은 노인의 웰빙과 건강을 증진하며 기능적 능력을 유지하는 데 중요한 역할을 할 수 있다.

자원봉사는 노인의 건강을 유지하고 수명을 연장하는 데 중요한 역할을 할 뿐만 아니라, 사회적 부담을 줄이고 공동체에 이바지하는 긍정적 방법으로 자리 잡을 수 있다. 이를 위해 자원봉사 활동을 더 체계적으로 지원하고 노인의 참여를 유도하는 다양한 프로그램이 필요하다. 은퇴 후 삶의 질은 개인이 사회적으로 의미 있는 활동에 얼마나 참여하느냐에 달렸다. 일은 사회적 접촉, 구조화된 일상, 개인적 유용성을 제공할 수 있는 중요한 요소다. 따라서 단순히 보수를 위한 노동이 아니라, 개인이 의미를 느낄 수 있는 활동을 수행하는 것이 노인의 건강과 기능적 능력을 유지하는 데 더욱 효과적이다. 그러나 고령 인구의 증가로 인한 사회보장, 연금, 보건 프로그램 자금 문제는 여전히 해결해야 할 중요한 과제로 남아 있다.

톨스토이가 우리에게 던지는 질문을 그대로 제목으로 붙인 단편소설 《사람은 무엇으로 사는가(Chem liudi zhivy/What Men Live By)》의 대답은 너무나도 명확하다. 다름 아닌 '사랑'이다. 사람은 사랑으로 산다. 신을 거역한 죄로 인간이 됐다가 용서를 받고 다시 천사로 돌아간 미하일(Mikhail)은 이렇게 말한다.

사람은 무릇 일신의 안위를 걱정하며 사는 것이 아니라 사랑으로 산다는 것을 저는 알게 됐습니다. (중략)
제가 사람으로 살아갈 수 있었던 것은 저 스스로 일신의 안녕을 챙겨서가 아니라 지나가던 행인과 그 처의 마음에 사랑이 있었기 때문이며, 그들이 저를 불쌍히 여기고 아껴주었기 때문입니다. 고아들이 살 수 있었던 것도 그들이 스스로를 챙겨서가 아니라 완전히 남인 여인의 마음에 사랑이 있고, 아이들을 불쌍히 여기고 아끼는 마음이 있었기 때문입니다. 그렇게 사람은 누구나 스스로를 챙겨서가 아니라 사람들 마음에 사랑이 있기에 살아갑니다.
(중략)
하느님은 사람들이 개인으로 살기를 바라시지 않습니다. 그래서 사람들 각자에게 무엇이 필요한지 보여주시지 않는 겁니다. 사람들이 함께 어울려 살아가기를 원하시기에 하느님은 그들 모두에게 공동으로 무엇이 필요한지를 보여주시는 겁니다. 이제 저는 깨달았습니다. 사람들은 이기심으로 살아간다고 여기지만, 사실 그들은 사랑으로 살아갑니다. 사랑을 실천하는 사람은 곧 하느님을 간직하고 사는 것입니다. 하느님이 곧 사랑이기 때문입니다.

톨스토이가 들려준 이 이야기를 통해 내가 깨달은 사실도 이와 같다. 내가 살아갈 수 있는 이유는 내가 전혀 모르는 누군가의 배려와 공동체의 사랑 덕분이다. 우리가 모르는 누군가의 생명을 구함으로써 삶을 의미 있게 만드는 까닭도 여기에 있다. 그런 삶이 우리를 더욱 건강하고 오래 살게 해준다.

| 9가지 새로운 건강 관리 패러다임 |

1. 건강은 전인적이어야 한다.

WHO는 1948년에 건강을 "질병이나 허약함이 없을 뿐 아니라 신체적·정신적·사회적으로 완벽한 안녕의 상태"라고 정의함으로써 이미 '전인적' 개념을 제시했다. 하지만 여전히 건강에 대한 접근은 인간이 가진 다차원적 특성을 충분히 반영하지 못하고 있다. 진정한 건강의 패러다임 전환, 즉 '메타 건강'이 필요하다. 신체적 건강뿐만 아니라 정신적·사회적·영적(실존적) 건강이 삶의 질과 생존에 필수 요소다.

건강하기 위해서는 운동, 식이, 금연, 절주 같은 신체적 건강 습관뿐 아니라 긍정적이고 주도적인 정신적 건강 습관, 사랑하는 사람들과 함께하는 사회적 건강 습관, 남을 돕는 봉사 활동과 종교 활동 등의 영적 건강 습관 또한 중요하다. 신체적 건강을 넘어 정신적·사회적·영적 건강으로 발전하는 전인적 건강이 메타 건강이다. 전인적 건강은 우울증과 자살 위험을 낮출뿐더러 삶의 질과 생존에도 긍정적 영향을 미친다. 1년에 100시간 이상 자원봉사를 하는 노인들은 자원봉사를 하지 않는 노인들에 비해 신체 수행 능력이나 생산성에서 좋은 결과를 보였고 사망률도 절반 가까이 감소했다. 자신의 시간과 능력을 다른 사람과 의미 있는 일을 위해 기꺼이 희생하는 봉사 활동이 자신의 신체적 건강에도 긍정적인 효과를 보인다는 점이 역설적이다.

전인적 건강은 단순히 이상적인 목표가 아니다. 이를 방해하는 상업적 이익을 추구하는 기업 구조와 사회적 환상을 깨야 한다. 진정한 인간성과 건강을 위한 열쇠는 자각이다. 개인과 사회가 함께 노력해야 전인적 건강을 실현할 수 있다.

2. 전인적 건강의 평가 체계를 마련해야 한다.

오늘날의 건강검진은 생물학적 요소에만 초점이 맞춰져 있다. 건강을 보다 혁신적인 방법으로 평가할 수 있으며 그렇게 평가해야 더 건강해질 수 있다. 신체적·사회적·정신적·영적 건강을 평가하는 '전인적 건강' 진단이 필요하다. 우리 연구팀이 개발한 '5가지 건강 상태 설문(5 Health Status Questionnaire/5HSQ)' 및 '12가지 효과적인 건강 습관(12 Highly Effective Health Habit/12HEHH)'의 실천 단계를 확인하고 잘못된 건강 습관을 중점적으로 개선하면 된다. 이 단계에서는 수용자의 입장과 선택이 중요하다. 당장 개선이 필요한 습관이 우선이겠지만, 자신의 마음가짐과 환경, 선호도에 따라 달라질 수 있기 때문이다. 자신의 건강 상태를 '신체적 건강', '정신적 건강', '사회적 건강', '영적 건강' 그리고 이 네 가지를 모두 고려한 '전반적 건강' 5개 문항을 통해 스스로 평가하는 '5가지 건강 상태 설문'은 이미 다양한 연구 결과를 통해 과학적 신뢰도와 타당성이 입증됐다. '12가지 효과적인 건강 습관' 역시 '긍정적인 마음가짐', '규칙적인 운동', '건강한 음식 섭취', '적극적인 자세', '정기적 건강검진', '봉사 활동', '종교 및 명상 활동',

'금연', '절주', '일과 삶의 균형', '가족 및 대인관계', '꾸준한 약물 복용' 12개 문항으로 전인적 건강 습관을 잘 실천하고 있는지 평가한다.

건강 목표를 제대로 이해하지 못한 채 그저 건강해지려고만 애쓰는 것은 마치 축구 선수가 축구장에서 골대가 어디에 있는지도 모르고 공만 열심히 쫓아다니는 셈이다. 계속 강조하듯이 건강은 신체적 건강을 넘어 정신적·사회적·영적 건강까지 모두 챙기는 전인적 건강으로 이해해야 한다. 건강 위기를 효과적으로 극복하고 성장하기 위해서는 전인적 건강을 향상할 건강 습관을 들여야 한다. 전인적 건강을 증진하는 건강 습관이 바로 '12가지 효과적인 건강 습관'이다. 그중에서 가장 효과적인 건강 습관을 뽑으라면 단연코 '적극적인 자세'다. 적극적인 자세 없이는 다른 습관들을 형성할 수 없으며, 건강해지려는 의지가 있어야만 건강 증진 노력을 시작할 수 있기 때문이다.

다만 이런 평가 지표 가운데 상당 부분은 대체할 만한 객관적 검사법이 현재로서는 마땅한 것들이 없기에 개인의 주관적 평가로만 파악할 수밖에 없다. 하지만 머지않아 개인의 판단에 의존할 필요 없이 표정, 말투, 행동, 소셜 미디어 활동, 라이프로그(lifelog) 데이터 같은 일상생활 기록을 바탕으로 한 '스마트 헬싱

(Smart Healthing)' 등의 혁신적 접근법이 나올 것이다. 새로운 기술을 통하면 더 정교하고 포괄적인 전인적 건강 평가 체계를 도입할 수 있다. 애플, 메타(구 페이스북), 구글, 네이버 등 세계적인 기업들이 인간의 지능 수준을 뛰어넘는 초거대 인공지능을 개발하고 있다. 상용화된다면 지금까지의 여러 진단법과 포괄적인 건강 평가 지표를 통합적으로 활용해 전인적 건강을 한층 세밀하게 진단할 수 있을 것이다. 개인 맞춤형 통합 건강 진단, 건강 설계, 건강 경영이 가능한 정밀 건강 의학 시대가 시작되는 것이다.

3. 건강에도 전략이 필요하다.

과학과 문명이 발전하면서 성장과 더불어 인간에게 요구되는 역할도 점점 늘고 있다. 그만큼 부담도 많아졌고 스트레스도 커졌다. 기대 여명이 늘면서 우리 육체가 감당해야 할 기간도 늘었고, 헤쳐 나가야 할 사회적 관계도 커졌으며, 풀어가야 할 정신적 문제들도 많아졌다. 신체적·사회적·정신적 변화와 부담 속에서 우리 삶의 의미, 목적, 가치, 존재 이유를 찾는 영적 역량도 대두하고 있다. 그래서 우리는 건강해야 한다. 건강해야 생명을 유지할 수 있고, 생명을 유지해야 삶을 영위할 수 있으며, 삶을 영위해야 인생의 의미를 찾을 수 있고, 인생의 의미를 찾아야 죽을 때 삶을 제대로 완성할 수 있다. 그렇기에 건강은 생명, 삶, 의미의 필수 요소다. 요즘 뛰어난 기능의 휴대용 바이오센서(biosensor) 기기가 많이 출시되고 있다. 스마트워치나 스마트링을 비롯해 스마트폰과 연동해서 맥박, 혈압, 체온, 심전도, 산소 포화도 등을 측정하는 기능은 개인의 건강 관리에 도움이 된다. 하지만 이런 기기들이 생물학적 건강 정보를 제공하더라도 개인의 건강 경영 역량을 강화하는 '건강 전략'을 반영하지 않으면 지속하기 어려워 별 소용이 없다. 건강에 신경 쓰고 있다는 공허한 자기 위안만 줄 뿐이다. 이런저런 건강 정보가 난립하는 세상이다. 물론 나쁠 건 없다. 그러나 철저히 과학적으로 검증된 정보여야만 하고 효과적으로 건강을 증진하고 습관을 들일 수 있는 행동을 개인의 특성에 따라 맞춤형으로 제공해야 할 것이다.

건강을 자기주도적으로 경영할 스마트한 전략이 필요한 때다. 범이론적 모델에서는 변화에 단계가 있다고 말한다. 그 단계는 '고려 전―고려―준비―실행―유지'로 이뤄진다. 우리 연구팀이 개발한 '스마트 건강 경영 전략(Smart Management Strategy for Health/SMASH)'은 건강해지는 변화를 여덟 단계로 나눠서 각각의 변화 단계를 강화하기 위한 핵심 역량을 제시한다. '평가―현실 수용―변화 준비―의사결정―계획―환경 조성―실행―피드

삶이 의미를 잃기 전에

백 및 유지'로 이뤄져 있고 단계별 세부 전략도 제공한다. '채찍과 당근'의 동기 부여 모델로 바꿀 수 없는 습관들에 관한 범이론적 모델, 인지 행동 치료(Cognitive Behavioral Therapy/CBT), 사회 인지 이론(Social Cognitive Theory/SCT)을 발전시킨 것이며, 건강 위기를 넘어 긍정적 성장을 위한 전략과 습관을 효과적으로 개선하는 행동 패턴을 연구한 결과다. 이미 스마트 건강 경영 전략을 토대로 암 환자와 만성 질환자들에게 건강 위기를 극복할 건강 콘텐츠, 교육 동영상 및 웹 또는 앱, 코칭 훈련 프로그램 등을 개발했고 임상시험을 통해 효과성을 검증한 바 있다. 인생의 위기이기도 한 건강 위기를 극복하려는 전략을 적절히 구사하도록 배우고 훈련할 필요가 있다.

4. 건강 행동 패턴을 만들어야 한다.

모든 상황에서 적용할 수 있는 '건강 행동 패턴'을 개발해야 한다. 나아가 신체적 제약이 있는 사람들조차 실천할 수 있는 행동들로 구성해야 한다. 지속 가능한 건강 습관은 작은 변화에서부터 시작된다. '작심삼일(作心三日)', 많은 사람이 습관을 바꾸겠다고 다짐하고선 사흘을 못 넘기고 포기한다. 가족이나 동료들에게 비난과 조롱을 당하기도 하고 스스로 자괴감에 빠지기도 한다.

그런데 작심삼일은 습관의 특성상 아주 자연스럽고 당연한 현상이다. 다짐을 실천하지 못한 자신만 탓할 일도 아니다. 습관은 적어도 6개월을 유지해야 비로소 형성된다. 습관은 우리 뇌의 작용이다. 외부 또는 내부 자극과 정보에 자동으로 반응하도록 뇌 신경회로가 구성돼야 습관이 된다. 달리 말해 변화하려는 행동을 수없이 반복해야 새로운 회로를 만들어 습관을 바꾸는 게 가능해진다. 예전처럼 행동하지 않으려고 의식적으로 자극과 반응을 인식하면 마음먹은 대로 행동할 수 있다. 하지만 다른 일로 잠깐 방심하는 사이 우리 몸에 형성된 과거의 자동화 반응이 일어나 무의식적으로 예전처럼 행동하고 만다. 당연히 스스로 실망스럽다.

그래도 굴하지 않고 힘을 내야 한다. 나는 환자들에게 그럴 때 실망하지 않도록 미리 대응 전략을 세워준다. 절대로 실패한 게 아니며, 실망감은 변화 의지가 있는 사람에게만 느껴지는 감정이므로 오히려 조금만 더 고치면 된다고 생각하면 되는 것이다. 더욱이 처음부터 다시 해야 하는 것도 아니고, 지금까지 노력한 기간만큼 뇌 회로가 어느 정도 형성됐기에 그야말로 조금만 더 힘을 내면 된다. 어린아이가 걸음마 단계에서 바로 잘 걷는 게 아니라 주저앉고 넘어지는 과정에서 근육이 붙으며 걷기 신경회로가 만들어지는 것처럼 말이다.

고혈압, 고지혈, 당뇨 증상이 초기에 심각한 수준이 아니라면 약물로 치료하기보다는 건강 습관을 개선하는 게 좋다. 심각한 정도라서 약이 필요하더라도 그 효과가 잘 유지되려면 건강 습관을 바꿔야 한다. 그러면 약을 줄이거나 중단해도 될 만큼 건강이 좋아질 수도 있다. 물론 쉽지 않아서 많은 환자가 다시 약에 의존해야 하는 경우도 많다.

강조컨대 최소 6개월 이상 건강 습관을 유지해야 한다. 우리 연구팀이 분석한 결과에 따르면 '고려 전'과 '고려'를 거쳐 마음을 먹는 '준비' 단계에서 바로 건강해지는 게 아니며, 실천하는 '실행' 단계에서도 꾸준히 지속하는 '유지' 단계로 넘어가지 못하면 건강을 습관으로 만들지 못했다. 6개월은 유지해야 건강 습관으로 자리 잡았다.

'나는 왜 건강하지 못할까?', '건강 습관을 들이려고 해도 왜 매번 실패만 할까?', '아무리 노력해도 왜 효과가 없을까?' 생각하지만 너무 성급한 판단이다. 변화에는 시간이 필요하다. 습관이 되지 못해서이고 계속 노력하면 된다. 6개월을 꼭 기억하자. 건강을 효과적으로 증진하는 건강 습관을 효과적으로 형성하는 데도 일종의 패턴이나 루틴이 필요하다. 운동이나 운전을 처음 배울 때 요령을 알면 수월하게 능숙해지는 원리와 같다. 여기에 습관을 만드는 비밀이 숨어 있다. 마음먹고 행동을 바꾸기 시작해 6개월을 유지하면 습관이 된다. 절실함과 노력의 강도 그리고 질병의 심각성 수준에 따른 차이만 있을 뿐이다.

5. 우리 모두의 건강이 나의 건강이다.

국민 건강과 관련해 대한민국 헌법은 제36조 제3항에서 "모든 국민은 보건에 관하여 국가의 보호를 받는다" 명시하고 있다. 하지만 나는 이 조항을 더 구체화할 필요가 있다고 생각한다. 국가가 국민을 질병 위험에서 보호하고 건강을 보장하는 '건강권'을 국가 의무로 헌법에 더 명확히 담아야 한다. "돈을 잃으면 조금 잃은 것이고, 친구를 잃으면 많이 잃은 것이며, 건강을 잃으면 모든 것을 잃은 것"이라는 말이 있다. 개인에게 건강이 중요하듯이 국가에도 국민의 건강은 무엇과 비교할 수 없을 정도로 중요하다. 국민 건강은 국가의 핵심 자산이며 국가 경쟁력을 좌우한다.

언제부턴가 여기저기에서 '민주화'라는 표현을 자주 사용한다. 독재에 저항해 민주주의를 확립하고 확대하는 '정치 민주화'와 자유시장 경제가 초래한 경제적 양극화를 평등하게 조정하자는 '경제 민주화'가 국민적 관심을 받고 있다. 나는 여기에 더해 모든 국민이 최상의 건강한 삶을 살도록 '건강 공동체' 참여와 책임을 통해 건강권을 보장하고 건강 불평등을 해소하는 '건강 민주화' 또한 시급한 과제라고 주장한다. 건강 민주화를 위해서는 국민, 즉 우리의 책임과 참여가 필수다. 건강 공동체는 가족과 이웃, 의료 전문가와 질병 경험자가 신뢰할 만한 정보를 공유하고 관심과 격려로 서로의 건강을 돌보면서 발전해나가는 사회를 말한다. 자신의 건강만 챙기는 게 아니라 모두의 건강을 책임지는 건강 공동체적 노력에 적극적으로 참여해야 할 것이다.

세상이 복잡해질수록 다양한 생각과 의견이 생기고 관점도 여러 갈래로 나뉜다. 정치적 입장과 이해관계도 서로 다를 수 있다. 그렇지만 건강에 대해서만큼은 하나의 공동체다. 건강 공동체가 분열되면 모두의 건강이 위협받는다. 우리 모두의 건강을 위해 가장 나은 선택을 할 수 있도록 지혜를 모아야 한다.

코로나19 팬데믹 경험으로 건강 공동체의 중요성이 더 확실해졌다. 전세계 과학계, 의료계, 정치계, 경제계가 서로 협력해 겨우 이 희대의 범세계적 위기를 극복할 수 있었다. 코로나19 팬데믹은 우리가 얼마나 서로 밀접한 관계 속에서 살아가는지, 얼마나 빠르게 영향을 주고받는 구조 속에서 살아가는지 적나라하게 보여줬다. 개인의 건강이 사회에 얼마나 큰 영향을 미치는지도 실감했다. 우리는 혼자서 살아가는 게 아니다. 우리 자신뿐 아니라 가족, 친구, 동료 그리고 사회적 관련이 없는 수많은 이들에게도 영향을 미친다. 그래서 우리는 공동체다. 시간과 공간을 넘어 서로의 건강을 챙겨야 하는 건강 공동체다.

사람과 사람 사이의 전염이 코로나19 같은 병리적 현상에만 해당하는 것도 아니다. 스트레스나 분노 등의 감정도 전염된다. 좋지 않은 집안일 때문에 틀어진 상사의 기분이 부하직원들의 기분에도 부정적 영향을 미친다. 출근길에 있었던 언짢은 일 때문에 상한 직원의 기분이 해당 부서 사람들의 하루를 망쳐놓는다. 누군가 또 그런 기분을 표출하고 있다면 상승 작용을 일으켜 불쾌한 감정은 전염병처럼 번져나간다.

우리 팀은 2013년에 처음 건강 공동체 개념을 수립한 뒤 본격적으로 설문 조사를 진행했다. 그 결과 국민 10명 가운데 8명 이상이 '건강 공동체의 필요성'에 공감했다. 응답자 대부분이 비만, 자살, 흡연, 고령화, 만성 질환 관리, 치매, 음주, 저출생, 미세먼지, 보장성 강화, 웰다잉, 병원 감염 등의 문제를 건강 공동체로 개선할 수 있다고 여겼다.

다시 한번 강조컨대 건강은 개인의 문제가 아닌 공동체의 문제다. 서로의 건강이 영향을 주고받는 사회라면 모두의 건강 증진을 통해 개인의 건강을 보호할 수 있다는 원칙을 기반으로 건강

삶이 의미를 잃기 전에

공동체 개념을 확실히 인식해야 한다.

6. 기업은 건강을 경영해야 한다.

오늘날 세계는 감당하기 힘든 의료비 문제를 유발하는 비만, 흡연, 잘못된 식습관, 신체 활동 부족, 당뇨, 고혈압 같은 만성 질환 증가에 직면해 있다. 개인과 국가의 노력으로 충분히 교정 가능한 위험 요인들이다. 대부분 국가가 건강 성과를 개선하고 의료비를 낮추려고 애쓰나 노력과 효과에는 한계가 있다. 건강보험을 포함한 국가 보건의료 체계만으로는 해결하기가 어려운 지경이다. 특히 건강 문제는 직원 생산성 저하의 주된 요인이기도 하므로 이제는 기업이 적극적으로 '건강 경영'에 나서야 한다. 기업이 직원 건강 관리에 투자해야 한다는 의미다. 일방향 복지가 아니다. 기업에도 이득이다. 여러 연구에 따르면 직원들의 건강 관리에 1달러를 투자하면 3달러가 회수되는 효과를 볼 수 있다. 직원 건강이 좋아져서 결근이나 조퇴가 줄면 생산성이 향상될뿐더러 의료비도 절감된다. 정신건강 관리는 여섯 배 이상의 효과가 있다.

건강 경영 프로그램이 기업 이미지를 개선해 경쟁력을 높이므로 투자자들은 기업에 투자할 때 해당 기업의 직원 건강 자산도 고려할 필요가 있다. 최근 들어 '환경(enviornment)', '사회(society)', '지배구조(governance)'에 대한 관심이 늘었다. 여러 유수 기업이 ESG 위원회를 운영하고 있다. 직원(내부 고객)과 소비자(외부 고객)의 건강에 대한 기업의 사회적 책임을 ESG 위원회의 핵심 가치로 삼는다. 구글 같은 기업은 직원을 위한 건강 경영과 소비자를 위한 건강 가치 창출을 경영 철학과 비전에 담아 구현하도록 하는 최고건강책임자(Chief Health Officer/CHO)도 두고 있다. 건강을 비용이 아닌 투자 관점에서 바라보고, 건강 공동체의 건강 가치를 창출하는 산업으로 대전환해야 한다. 이 대전환이 기업 이미지를 개선하고, 경쟁력을 강화하며, 직원과 소비자의 충성도를 올리는 성과를 가져올 것이다.

우리나라보다 먼저 초고령화 사회에 진입한 선진 산업 국가들은 어떻게 하고 있을까? 미국 기업들은 이미 1980년대 초부터 건강 경영을 도입했다. 국가 차원에서도 질병관리본부가 주도해 기업들의 건강 경영 현황을 진단하는 정책을 시행하면서 근로자복지법을 제정해 건강 경영 모범 기업들에 세제 혜택도 제공하고 있다. 일본의 경우에는 경제산업성이 직원 건강을 위한 기업 건강 경영을 생산성 향상으로 수익성을 높이는 '건강 투자'로 이해해 전략적으로 지원하고 있다. 기업 건강 경영을 지원해 '헬스 케어

삶이 의미를 잃기 전에

(Health Care)' 산업을 육성한다는 이중 효과도 노렸다. 지자체, 의료 단체, 경제 단체, 보험회사 등 민간 조직의 제휴로 설립한 일본 건강회의가 경제산업성에 실무를 위임받아 건강 경영을 도입한 기업들을 표창하고 각종 혜택을 주는 '건강 경영 우량 법인' 인증 제도 시행하고 있다.

기업들이 과학적 근거에 입각해 건강 문화를 조성하고 정부가 이들 기업에 건강보험료 인하나 세제 혜택을 제공한다면 국민의 건강도 좋아지고 생산성도 향상될 뿐 아니라 의료비 지출까지 줄일 수 있다. 건강 경영 프로그램에 참여하는 직원들에게 현금처럼 꺼내 쓸 수 있는 건강 포인트를 제공하는 것도 좋은 방법이다. 설문 조사 결과 이를 지원하는 '건강 친화 환경 촉진을 위한 법률' 제정에 응답자의 86%가 지지를 표명했다.

기업은 직원, 소비자, 지역 공동체의 건강이 자산임을 인지하고 이를 사회적 책임 일부로 관리해야 한다. 경제학자 마이클 포터(Michael Porter)가 주장했듯이, 기업의 건강 친화적 제품과 서비스 제공은 사회적 문제를 해결하는 사회적 가치와 기업의 사업 가치를 동시에 창출함으로써 미래 시장을 선도할 수 있다. 포터는 이를 일컬어 '공유 가치 창출(Creating Shared Value/CSV)'이라고 불렀다. 이 개념을 활용해 국민의 건강 문제를 해결하면 비즈

니스 가치를 창출함과 동시에 사회적 가치를 구현하는 전략적 역할을 다할 수 있다.

7. 건강세를 도입해야 한다.

질병관리청의 '국민 건강 영양 조사'와 '지역 사회 건강 조사' 결과에 따르면 우리 국민의 식생활과 건강 관리 행태는 갈수록 나빠지고 있다. 하루 1회 이상 외식과 음료수 및 지방 섭취 비율도 계속 증가하고 비만, 당뇨, 고콜레스테롤혈증 같은 만성 질환도 빠르게 늘고 있다. 30대~50대 남성의 50%가 비만이며, 20대 18.2%, 청소년 19.3%(남성 청소년은 25.9%)가 비만인 상황이다. 2021년을 기준으로 우리 국민 4명 중 1명(25.6%) 그리고 어린이(6세~11세)와 청소년(12세~18세) 3명 중 1명(40.3%)이 WHO 권고량보다 당류를 과다 섭취하고 있다. 65세 이상 노년층의 경우 블랙커피보다 커피믹스를 두 배 더 많이 마신다. 당장 대대적인 당류 섭취 개선이 필요한 상황이다. 질병을 적극적으로 예방하기 위해서라도 국민 건강 위험 요인을 전반적으로 관리할 필요가 있다.

식품의약품안전처의 보도자료에서도 2022년 기준 당류 섭취량이 어린이 9.7%, 청소년 10.3%, 청년 (19세~29세) 9.5%로 나타났다. 특히 이들 가운데 여성은 WHO가 권고한 1일 총열량의 10%

이상을 당류에서 섭취하고 있었다. 사회적 비용으로 따지면 2021년 기준 총 15조 6,382억 원으로, 11조 4,206억 원인 흡연이나 14조 6,274억 원인 음주보다 건강보험에 더 부담을 가하는 액수다. 식품 첨가당은 비만, 당뇨, 심근경색, 뇌졸중, 암 등 만성 질환을 유발하기 때문에 설탕세 같은 '건강세'를 도입해 건강 공동체를 위한 사회적 인프라 구축을 적극적으로 검토해야 한다. 당류를 첨가한 음료수 등의 식품에 세금(설탕세)을 부과하면 가당 음료의 소비 감소로 이어져 국민의 질병 예방과 건강 증진 효과를 기대할 수 있다. 설탕세는 일찍이 노르웨이가 1922년 처음으로 도입한 이래 2016년 WHO의 권고를 기점으로 매년 도입국이 늘어서 2023년 6월 기준 전세계 117개 국가와 지자체가 시행하고 있다. 2018년 설탕세를 도입한 영국에서는 가당 음료 매출이 33% 감소함에 따라 당류 섭취와 관련한 각종 대사 장애, 만성 질환, 암, 소아 천식 등의 질병도 함께 감소했다.

건강세 도입으로 확보한 세수를 노인 및 청소년 건강에 지원하고 필수 의료 강화와 기업 건강 경영 확산 등에도 활용할 수 있다. 그러면 자연스럽게 건강 공동체 인프라가 구축되므로 건강 불평등 해소 효과를 기대할 수 있으며, 식품 기업들도 어쩔 수 없이 건강 친화적 제품 개발 및 생산으로 사업 방향을 전환하게 된다. 궁극적으로 소비자(국민) 건강을 증진할 수 있게 되는 것이다. 이처럼 건강세 도입은 기업의 사회적 책임을 강화하는 데도 매우 유용하다. 설탕이나 고열량 저영양 식품에 건강세를 부과하면 건강 취약 계층의 질병 부담을 줄여서 전체 국민 건강을 개선할 수 있다. 단순히 세금을 확대한다는 개념이 아닌 도덕세로 접근해야 기업의 반발을 줄일 수 있으며, 여러 다른 유인을 병행해 기업이 능동적으로 국민 건강을 헤아릴 수 있도록 유도해야 할 것이다.

8. 건강 불평등을 해소해야 한다.

코로나19 팬데믹이 우리 사회에 이미 파괴적인 변화를 불러왔다는 사실을 부인할 사람은 없을 것이다. 팬데믹은 끝났지만 우리는 결코 코로나 이전의 현실로 돌아갈 수 없다. 2021년 우리 연구팀이 팬데믹 상황에서 국민이 겪은 인생 위기를 조사한 결과 가장 큰 위기는 '건강 문제'로 나타났다. 국민 10명 가운데 8명이 코로나19로 건강 불평등이 더욱 악화하리라고 예상했었다. 실제로 코로나19 팬데믹은 소득 격차와 거주 지역에 따른 건강 불평등을 심화했다.

관상동맥 심장 질환, 뇌졸중, 당뇨병, 암, 우울증, 자살 등 소득, 세대, 지역 사이의 건강 불평등이 점점 더 심해지고 있다. 이런 질

삶이 의미를 잃기 전에

환들은 비만, 신체 활동 부족, 흡연, 고혈압 등의 위험 요인과 깊은 관련이 있으며, 경제적으로 취약한 계층일수록 이 위험 요인에 더 많이 노출된다. 건강은 유전과 생활 습관뿐 아니라 사회 환경 영향도 크게 받는다. 소득 수준과 거주 지역에 따라 건강 습관과 의료 접근성이 달라지면서 건강 불평등이 발생하는 것이다.

건강 불평등을 그저 개인의 문제로 치부하면 곤란하다. 사회 전체에 악영향을 미치는 심각한 상황으로 받아들여야 한다. 건강 취약 계층의 문제는 결국 사회 전체의 부담으로 돌아오기에 이들의 건강을 향상하는 것이 곧 국민 전체의 건강을 개선하는 길이다. 따라서 건강 취약 계층을 우선 지원하는 건강 공동체에 대한 선제적 투자가 필요하다. 소득 격차와 지역에 따른 건강 불평등을 해소하려면 국가 차원의 사회적 건강 공동체 인프라 구축이 필수다. 이를 위한 재원 마련 역시 사회적 합의를 통해 이뤄져야 한다. 한 가지 방안으로 앞서 설명한 국민 건강에 부정적 영향을 미치는 제품과 서비스에 건강세를 부과하는 방안을 고려할 필요가 있다. 설탕세 등으로 세수를 충원해 이를 건강 불평등 해소를 위한 재원으로 활용할 수 있다.

기업들 또한 건강 불평등 문제에 큰 관심을 두고 책임 의식을 가져야 한다. 국민을 고객으로 삼는 기업이 주주들의 이익만 대

변하고 건강 불평등 심화 문제에 무관심하다면 비윤리적 기업으로 치부해도 과하지 않을 것이다. 국가는 물론 기업도 국민 건강 불평등 해소에 중요한 역할을 해야 하며, 정부는 기업이 이에 적극적으로 동참하도록 사회적 합의를 이끌어내야 한다.

코로나19 팬데믹은 우리를 3년이나 괴롭히다가 비로소 종식됐지만, 우리 사회는 여전히 건강 위기와 건강 불평등 문제에서 벗어나지 못하고 있다. 이제라도 문제를 깊숙이 진단하고 이를 해결하기 위한 건강 인프라를 점검해 건강 악순환의 고리를 끊어낼 건강 패러다임을 확립해야 한다. 다름 아닌 국민 건강권, 건강 민주화, 건강 공동체 문화의 패러다임이다. 개인의 노력을 넘어 가족, 친구, 동료, 사회 전체가 함께 건강할 권리를 보장받고, 건강 불평등 해소를 위한 건강 민주화를 실현해야 하며, 건강 공동체 문화를 구축해야 한다. 특히 제4차 산업혁명 시대의 의료 및 건강 기술 혁신을 이 같은 패러다임 전환의 기회로 삼아야 할 것이다. 소득 격차와 지역 차이로 건강 불평등이 심화하는 현실에서 국가와 기업은 개인의 건강 관리가 광고 전략의 영향을 받는다는 사실을 인정해야 한다. 소비자에게 균형 잡힌 정보를 제공하고, 광고에 경고 문구나 시각적 이미지를 포함하는 등의 책임 있는 규제도 필요하다. 건강 불평등 문제는 사회적 책임의 영역이므로 국가와

삶이 의미를 잃기 전에

기업 모두 이에 대한 역할을 충실히 수행해야 한다.

9. 금융 자산만큼 건강 자산도 중요하다.

'건강 자산'이란 개인, 지역 사회, 국가가 건강을 유지하고 건강 불평등을 해소할 능력을 향상할 수 있는 자원을 뜻한다. 이 개념은 1980년대에 처음 도입됐고 현재는 심리학, 사회학, 공중보건학 등 다양한 분야에서 널리 사용되고 있다. 자산 기반 접근법은 기존 결핍 위주의 사후적 접근에서 벗어나 자산을 사전에 평가하고 문제를 예방하는 데 초점을 맞춘 방식이다. 이 접근법을 건강 자산 개념에 적용하면 개인과 집단은 물론 사회와 국가가 직면한 건강 불평등 문제를 해결하는 데 유용한 방안을 모색할 수 있다.

건강 자산을 정량화·수치화하면 객관적 비교가 가능하고 개인의 건강 상태를 평가하는 데 실질적인 기준으로 삼을 수 있다. 일테면 건강 자산을 금전적 가치로 환산해 개인이 건강을 더 체계적으로 관리하고 필요한 의사결정에 활용할 수 있다. 나아가 건강 자산 가치를 증대하는 효과적인 건강 행동 패턴을 발견해 맞춤형 실행 계획을 설계하고 이를 주기적으로 점검할 수도 있다. 신체 활동, 금연, 체중 조절, 절주 같은 건강 증진 활동이 건강 자산 가치에 어떤 영향을 미치는지도 계산할 수 있다. 건강과 소득을 결합해 건강 자산 가치를 평가하면 기존의 금융 자산이나 토지 자산 외에 새로운 자산 개념이 추가되는 셈이다. 연구에 따르면 건강 자산 가치는 소득의 세 배 이상으로 추정되며, 이는 건강이 단순히 개인적 가치가 아닌 사회적·경제적 가치로도 평가될 수 있음을 의미한다.

건강 자산은 크게 '개인' 건강 자산과 기업, 사회, 국가의 '집단' 건강 자산으로 구분할 수 있다. 개인 건강 자산은 과거부터 형성된 건강 습관과 현재의 건강 상태 그리고 미래의 건강을 결정짓는 건강 관리 역량과 건강 행동 패턴으로 구성된다. 현재 건강 가치는 과거의 건강 습관이 초래한 현재의 건강 상태로 평가하며, 미래 건강 가치는 현재의 건강 상태를 지속하거나 건강 습관 및 행동 패턴이 변화할 경우의 시나리오를 바탕으로 평가할 수 있다. 한편으로 집단 건강 자산은 환경, 의료 체계, 건강 문화 등 집단의 건강에 영향을 미치는 다양한 요인으로 구성된다. 이 또한 갖가지 직접적·간접적 방식으로 평가할 수 있다. 직접적 방식은 구성원 개개인의 건강 자산을 조사하거나 대표 표본을 통해 평가하고, 간접적 방식은 기존에 평가한 집단 건강 자산 가치와 공개된 통계 자료를 활용해 추정할 수 있다.

요컨대 건강 자산을 금전적 가치로 평가하면 개인뿐 아니라 기업과 국가의 정책적 의사결정에도 활용할 유용한 지표가 될 수 있다. 개인과 집단이 건강을 개선하고자 얼마나 노력했는지 수치화할 수 있고, 이를 바탕으로 건강 증진을 위한 지원 방안을 마련할 수 있다. 금융 자산처럼 건강 자산도 체계적으로 평가하고 관리할 필요가 있는 것이다. 건강은 생명 유지는 물론 삶의 질을 결정짓는 핵심 자산이다. 그러므로 금융 자산처럼 건강 자산도 체계적으로 평가하고 관리할 수 있는 체제를 구축할 필요가 있다. 이를 통해 개인의 웰빙과 함께 국가 및 기업 경쟁력도 강화할 수 있다.

제 8 장

죽음으로 완성하는 삶

| 삶과 죽음의 아름다운 경계 |

죽음과 탄생은 두 갈래 길의 경계선이다. 죽음 이후의 세상에 무엇이 있을지, 영혼은 어떻게 될지 궁금해하다 보면 태어나기 전 우리 영혼이 어떤 상태였는지에 대해서도 자연스럽게 떠올리게 된다. 누군가 공간적 차원에서 어딘가로 떠나간다면 그 사람은 틀림없이 어딘가에서 왔을 것이다. 우리 삶도 마찬가지다. 우리가 이 세상에 왔다는 것은 어딘가에서 왔다는 뜻이며, 훗날 우리가 세상을 떠난다는 것은 다른 어딘가로 간다는 의미다.

태어나기 전의 나 자신을 생각해보자. 만약 우리가 태어나기 전 어딘가에 존재했다면 죽은 뒤에도 존재할 것이다. 우리는 영원한 존재로서 과거와 미래에 걸쳐 계속 있다. 이렇게 믿으며 살아가는 사람과 그렇지 않은 사람은 삶의 태도와 방식에서 크게 다르다. 우리는 난민이고 이민자다. 어디에서 왔는지, 어디로 가는지 모르는 존재다. 다만 한 가지 확실한 사실은 우리가 죽으면 원래 있던 어딘가로 돌아간다는 점이다. 원래의 그곳에는 우리가 '나'라고 부르는 존재가 없다. 그래서 우리는 태어나기 전에 그곳에서 어땠고, 얼마나 오래 있었고, 무엇과 있었는지 전혀 기억하지 못한다. 같은 맥락에서 죽음 이후의 세상에서도 '나'란 존재하지 않을 것이다. 하지만 마찬가지로 확실한 한 가지는 태어나기 전 우리에게 악이 있지 않았던 것처럼 죽은 뒤에도 악으로 존재하지 않으리라는 것이다.

어쨌든 우리는 지금, 여기에 살고 있다. 악하지 않게 하루하루를 사는 사람은 오늘 바로 지금이 행복한 순간임을 쉽게 깨닫고 삶 뒤에 무엇이 있을지 크게 염려하지 않는다. 죽음을 생각하더라도 현재의 삶이 좋다면 죽은 뒤에도 좋을 것이라고 믿으면 된다. 신은 선하고, 우리를 위해 최선을 다해왔고, 앞으로도 최선을 다하리라고 믿으면 된다. 지금 느끼는 기쁨이 아직 가지도 않은 천국의 기쁨을 믿는 것보다 훨씬 견실하고 우리 자신에게 평화를 준다. 철학자이자 영성주의자 루시 말로리(Lucy Mallory)는 이렇게 말했다.

"생명으로 인도하는 길은 좁고, 그것으로 들어가는 이는 적다. 사람들 대부분이 넓은 길로 들어가려고 하기 때문이다. 그러나 진짜 생명의 길은 좁아서 한 사람씩만 들어갈 수 있다. 그리고 이 길로 들어서려면 부처, 예수, 공자, 소크라테스 같은 고독한 이의 뒤를 따라야 한다. 자기 자신과 우리 모두를 위해 이 좁은 길을 개척한 사람들이다."

우리는 삶이라는 좁은 길을 걸어가면서 우리 존재의 의미와 가치를 끊임없이 되새겨야 한다. 태어나기 전과 죽음 이후의 세상을 우리는 알 수 없지만, 현재의 삶에서 선과 기쁨을 추구하며 살아간다면 우리의 삶은 계속해서 의미 있을 것이다.

사실인지 아닌지 명확하진 않지만 나폴레옹의 키와 관련한 흥미로운 일화가 있다. 이 이야기는 무엇보다 사고 전환의 중요성을 단적으로 느끼게 해준다. 우리는 흔히 키를 잴 때 땅에서부터 잰다. 당연히 그래야 한다고 여긴다. 그런데 나폴레옹은 그렇게 하지 않고 하늘에서부터 키를 쟀단다. 기발한 발상이다. 사실 땅에서부터 키를 재야 한다는 것은 일종의 사회적 약속이다. 인간이 정한 하나의 기준일 뿐이다. 살면서 우리는 이런 기준을 무의식적으로 순순히 따른다. 모두가 공감하는 데다 상식적이라고 느끼기에 일반적으로 받아들이고는 있지만, 그렇다고 해서 절대적 진리라고 할 수는 없을 것이다. 나폴레옹처럼 기준을 바꿔서 생각하면 기존의 통념에 도전하고 자신의 관점에서 새로운 가치를 창출할 수 있다. 다르게 봐야 다르게 보이는 법이다.

이 이야기의 교훈은 매우 단순하다. 남들이 정한 기준에 자신의 가치를 맞추기보다 스스로 새로운 기준을 정해보자는 것이다. 키, 외모, 돈, 사회적 지위, 능력 같은 기존의 가치 척도에 얽매이지 말고 자신만의 잣대로 자신과 세상을 바라보려고 노력하면 우

삶이 의미를 잃기 전에

리 삶에 새로운 의미를 더할 수 있다. 나폴레옹이 하늘에서부터 키를 쟀듯이 우리만의 잣대로 자기 삶을 돌아보는 자세가 필요하다.

죽음이라는 절대적 사실에 대해서도 이와 같은 사고의 전환을 시도할 수 있다. 사람들 대부분은 태어난 시점부터 죽음까지의 시간을 기준으로 삶의 가치를 평가한다. 얼마나 오래 사는지가 중요한 기준이 된다. 하지만 삶을 죽음의 시점에서 바라보면 오래 사는 것보다 어떻게 사는지가, 어떻게 죽음을 맞이할 것인지가 더 의미 있는 기준이 된다. 짧은 생을 살았으나 인류에게 깊은 영향을 미친 사람들이 있다. 그들의 삶은 살다 간 시간의 길이로 평가받지 않는다. 그들이 남긴 의미와 가치가 죽음 이후에도 계속 이어지고 있어서다. 이렇게 보면 삶의 가치를 시간으로만 측정하려는 생각은 편협하다는 결론에 이른다.

"모든 인간은 죽는다"라는 절대적 명제를 바꿀 수는 없다. 그러나 "키는 땅에서부터 잰다"라는 상대적 명제를 뒤집어 생각하는 것은 충분히 가능하다. 이런 시도는 단순한 재미나 농담을 넘어 기존의 틀을 벗어나 새로운 가치를 발견하는 첫걸음이 될 수 있다. 남들이 정한 기준 말고 나만의 기준을 세워보자. 나폴레옹이 그랬던 것처럼 내 삶을 내가 정한 잣대로 재고, 그 기준이 새로운 삶의 의미를 만들어 타인에게도 긍정적 영향을 미칠 수 있다면, 우리 삶은 한층 풍요로워질 것이다. 삶의 기준과 가치를 새롭게 정의하며 살아가는 것이야말로 인간이 가진 가장 창조적인 능력이 아닐까?

죽음이 다가왔을 때, 중증 질환으로 삶의 끝을 마주했을 때, 사랑하는 이들에게 작별 인사도 하지 못한 채 떠나야 한다면 그 슬픔은 영원히 지워지지 않을 것이다. 미리 준비하고 의미 있는 작별 인사를 나누면 삶의 마지막 순간조차 가치 있게 만들 수 있다. 최선을 희망하되 최악을 대비해야 한다. 건강한 판단을 내릴 수 있을 때, 더 늦기 전에 삶을 돌아보고 정리하면서 의미를 부여해 우리만의 전설로 남겨야 한다. 그러면 우리와 연결된 이들의 정신적 유산으로 다음 세상에서도 이어질 것이다.

독립된 인격체로서의 자존감과 인간다움은 신의 존재 여부와 무관하게 존중받아야 한다. 삶을 마무리하는 시점에는 꼭 만나야 할 사람들과 함께 나누고 싶은 기억 그리고 "미안해", "용서할게", "고마워"라는 말이 필요하다. 인간이 가진 고유한 관계성과 정체성을 반영하는 소중한 순간이다. 레프 톨스토이는 《사람은 무엇으로 사는가》와 더불어 《사람에게는 얼마만큼의 땅이 필요한가 (Mnogo li cheloveku zemli nuzhno?/How Much Land Does a Man

Require?)》를 통해 우리에게 또 이런 질문을 던지고 있다. 그의 무덤을 보면 사람에게 필요한 땅은 내 몸 하나 누울 작은 공간뿐임을 깨닫게 된다. 앞서 언급했듯이 톨스토이는 이를 몸소 증명하듯 야스나야폴랴나의 생가에 아무런 비석도 표식도 없이 관 크기만큼의 무덤만 덩그러니 남기고 떠났다.

그런데 사실 나는 관이 들어갈 땅조차, 유골함이 들어갈 작디작은 공간조차 필요하지 않다고 생각한다. 죽은 육신의 흔적이 뭐가 중요할까? 정신과 영혼이 중요할 뿐이다. 나는 아직 존재할 모든 것들을 위해 산이나 바다로 흩뿌려지고 싶다. 소유의 삶이 아닌 존재의 삶으로, 동물로 태어나 인간으로 살다가 죽음만큼은 신의 마음으로 맞이하고 싶다.

우리는 매일 조금씩 죽음을 경험한다. 우리의 세포는 죽고 생기기를 반복한다. 어제의 나는 오늘의 내가 아니다. 신체, 정신, 기억 모두 변화하며 그 연속성조차 잠이 든 순간에는 끊어진다. 과학적으로, 의학적으로, 우리는 매 순간 조금씩 죽는다. 우리가 같은 사람이라는 사실은 우리의 믿음에 불과하다. 삶의 순간순간 조금씩 죽음을 향해 가고 있는 우리 자신을 의식하자. 현재의 삶을 더 충실하게, 더 소중하게 여길 수 있다. 개별 인간의 겉모습이 사라진 죽음 이후의 모습이 오히려 참된 모습으로서 인류가 만든

문화 안에서 살아있게 될 것이다.

이런 성찰로 우리는 인간의 한계도 넘어설 수 있다. 불행 속에서조차 의미를 찾을 수 있다면 우리는 그 불행한 순간에도 행복을 발견할 수 있다. 가장 힘든 사람도, 가장 행복한 사람도, 결국 우리 자신이다. 우리가 할 수 있는 최선은 삶에 의미를 찾고 죽음에 가치를 부여해 비로소 삶을 완성하는 것이다. 의미와 가치는 모든 것을 가능케 하는 힘이다.

여러분의 죽는 순간이 고통스럽지 않고 평화롭기를 바란다. 그 순간이 사랑하는 사람들에게 고통스러운 기억으로 남지 않기를 바란다. 새로운 시작의 걸림돌이 되지 않기를 바란다. 삶의 마지막에 이르러 육체와 정신과 사회적 관계의 상실이 영적인 삶으로 옮겨갈 때 두려움은 사라지고 정신적 유산으로서 삶을 남길 수 있다. 인간은 존재하지 않는 것들을 존재한다고 믿을 수 있으며, 그 믿음으로 세상을 변화시킨다. 이런 점에서 인간은 본질적으로 영적인 존재다. 우리만의 고유한 전설이 육체적 한계를 넘어 인간의 위대함을 보여줄 수 있다. 우리가 남긴 삶의 흔적은 인류와 세상에 고유한 가치를 전달하는 빛이 될 수 있다.

생명과 건강은 누구에게나 소중하다. 젊은 나이에 세상을 떠난 이들의 가족에게는 그 소중함이 더욱 절실하게 다가온다. 일

　　　　　　　　삶이 의미를 잃기 전에

찍 자식을 잃은 어머니의 고통을 떠올리면 난치병 치료에 대한 환자, 가족, 국민의 관심은 너무나도 자연스러운 일이다. 모두가 간절히 바라는 희망이다. 그러나 우리가 과장된 연구 결과에 쉽게 현혹되고 생명 연장의 신기루를 좇는 와중에도 매일 900명 넘는 사람들이 죽음보다 못한 삶을 살다가 떠나고 있다. 우리는 이런 현실을 외면해서는 안 된다. 생명의 소중함을 역설하며 치료법 개발에 열을 올리면서도 정작 죽음을 맞이하는 사람들에게는 무관심하다. 그 생명의 소중함이 어떤 소중함을 말하는 건지 너무 궁금하다.

의학 기술은 장수와 불멸에 대한 인간의 욕망과 죽음을 부정하고 싶은 문화 속에서 발전해왔다. 생명 연장이라는 지극히 단순한 목표에만 집착한 나머지 삶과 죽음의 의미와 가치는 안중에도 없다. 살아있는 시간의 양만큼 살아있는 시간의 가치가 중요하다. 올바른 생명관과 죽음관을 바탕으로 한 생명 연장이 아니고서야 어떤 의미를 찾을 수 있을까? 병든 채 오래 사는 게 그렇게 기쁜 일일까?

슈베르트, 고흐, 이순신, 안중근, 윤동주 같은 인물들의 죽음은 그 당시에는 비극이었을지 몰라도, 오늘날 우리는 그들의 삶과 죽음이 미완성이 아닌 완성된 가치로 남아 있음을 안다. 물론 그들이 더 오래 살았더라면 인류에게 더 많은 유산을 남겼을 것이다. 하지만 아쉬움을 뒤로 하고 그들이 남긴 순간순간의 삶은 이미 충분히 완성된 것이었고, 결국 죽었기에 그 삶의 가치가 더욱 빛을 발하는 것이다.

생명을 살리기 위해서라면 늘 최선을 다해야 한다. 그럼에도 불구하고 돌이킬 수 없는 죽음이 찾아왔을 때 그저 슬퍼하기만 해서는 안 된다. 남은 삶이 얼마 남지 않았다면 오히려 그 시간을 더 소중하고 의미 있게 여겨야 한다. 삶의 끝에서 함께한 순간들을 고마워하며 떠나간 이들의 삶의 의미를 되살리는 개인적·사회적 노력이 절실히 필요하다. 사랑하는 사람을 잃는 고통은 크지만, 마냥 고통만 느끼고 지나가서는 이들의 삶과 죽음을 제대로 기릴 수 없다. 떠나간 이들의 추억과 정신을 간직하고 이어가는 일도 아직 살아있는 우리의 몫이다. 우리가 기억하고 기리면 이들과 함께 여전히 살아갈 수 있다. 죽은 이들의 정신적 유산은 위대한 인물이라서가 아니라 우리에게 고유하고 소중한 존재라서 빛날 수 있다.

우리는 잘 죽어야 한다. 어떻게 사는지도 중요하고 어떻게 죽는지도 중요하다. 삶의 의미를 찾는 것도, 건강해지려는 것도, 모두 잘 죽기 위해서다. 인간은 죽음을 향해 사는 제한된 존재인 동시에 고통 속에서도 의미를 찾고 죽음으로 삶을 완성하는 초월적 존재다. 이런 삶의 아름다운 마무리를 위해 일부러 자주 죽음을 생각하는 게 좋다. 오래 살 기대감으로 생명 연장에만 몰두하지 말고 죽음의 진정한 의미를 되새길 때 비로소 삶은 아름답게 빛날 수 있다.

│ 삶의 끝에서 배우는 것들 │

오래전 평소 존경하던 분과 식사하면서 이런저런 이야기를 나눴었다. 그때 대화가 자연스럽게 유명인들의 죽음으로 연결됐다. 김수환 추기경, 노무현·김대중 전 대통령, 배우 장진영, 그리고 미국 팝가수 마이클 잭슨(Michael Jackson)과 상원의원 에드워드 케네디(Edward Kennedy)까지 이어졌다. 시대의 기쁨과 슬픔을 함께했던 인물들이었고, 우리 삶에 알게 모르게 깊은 흔적을 남긴 이들이었다.

인식이 많이 바뀌어서, 이제 우리는 예전처럼 죽음이라는 주제를 터부시하지 않는다. 유명한 누군가가 죽으면 어떤 의미를 남겼는지 생각하곤 한다. 김수환 추기경은 화해와 사랑을, 김대중

전 대통령은 화합과 통합 그리고 행동하는 양심을 후대가 곱씹어야 할 유산으로 남겼다. 살아생전 내가 좋아했던 배우 장진영은 국화보다 아름다웠던 미소로 많은 사람들의 가슴에 남았고, 그녀가 세상을 떠나기 전 베풀었던 선행도 큰 감동을 선사했다.

사회학자 모리 슈워츠(Morrie Schwartz)는 루게릭병과 싸우면서도 우리에게 삶의 소중함을 일깨워줬다. 제자인 미치 앨봄(Mitch Albom)이 쓴 《모리와 함께한 화요일(Tuesdays with Morrie)》에서 우리는 그 감동을 고스란히 느낄 수 있다. 컴퓨터공학자 랜디 포시(Randy Pausch)는 췌장암 투병 중 《마지막 강의(The Last Lecture)》를 통해 자신의 지혜를 나누며 많은 이들에게 삶의 나침반이 됐다. 이들을 보면 한편으로 아쉬움도 떠오른다. 유명인들이라고 해서 모두가 이런 메시지를 남기고 떠나지는 않는다. 대부분은 아무런 감흥도 주지 못하고 그저 죽는다. 심지어 어떤 이들은 잘 죽었다는 비아냥거림 속에 그 죽음이 기억되기도 한다.

죽음은 누구도 피할 수 없는 인간의 숙명이다. 죽음 앞에서 두려워하는 사람도 있고, 용기로 맞서는 사람도 있고, 차분히 받아들이는 사람도 있을 것이다. 유명했던 사람들은 죽음을 어떻게 바라봤고 죽음의 순간 실제로 어떤 태도를 보였을까? 사는 동안에는 삶의 고난과 좌절을 무엇으로 견뎌냈고, 어떤 힘과 지혜로 자신의 삶을 이끌어갔을까? 죽음은 두려운 게 아니라고, 죽는 순간이 되니 확실히 알겠다고 말해주고 떠났으면 좋았을 텐데, 생생한 목소리나 글로써 마지막 이야기를 들을 기회가 우리에게는 거의 없었던 것 같다.

어쩌면 우리는 삶의 의미뿐 아니라 죽음의 의미까지 찾고 싶은지도 모르겠다. 말기 환자뿐 아니라 건강한 사람들도 '품위 있는 죽음'에 관심이 많다. 삶의 끝자락까지 품격을 잃지 않고 살다 간 위인들의 모습에서 삶과 죽음의 경계를 넘어서는 지혜를 얻고 싶어 하기도 한다. 씻지 못할 죄로 점철된 극악의 범죄자가 아닌 이상 삶은 그 자체로 의미 있고 아름답다. 우리는 떠나간 사람들이 남긴 유형과 무형의 메시지에서 우리 삶의 의미를 발견하곤 한다. 그들의 죽음은 그저 끝이 아니라 우리에게 지혜와 용기를 남기는 또 다른 시작이다.

며칠 전 출근길에 문득 고향에 계신 어머니께 전화를 드려야겠다는 생각이 들었다. 그러나 어머니는 이미 세상을 떠나신 지 오래다. 그런데도 나는 매번 이런 생각을 떠올리며 그리움에 젖는다. 사랑하는 이를 먼저 떠나보낸 사람들이 느끼는 고통도 이럴까? 하지만 슬프다가도 이내 감사한 마음이 더 커진다. 그토록 아들을 사랑하셨던 어머니. 살아생전 어머니 모습을 담은 영상을 다시 보면서, 그때가 마지막이 될 줄도 모르고 마냥 기쁘게 웃으며 촬영했었던 그 순간을 떠올린다.

어머니는 내 삶 속에서 여전히 살아계신다. 나는 어머니보다 먼저 떠날 수 없다고 다짐하며 살았다. 자식 잃은 아픔을 또다시 끼쳐드릴 수는 없기에 어머니께서 이어가신 삶을 내가 책임져야 한다는 마음으로 살았다. 그러면서 깨달았다. 잘 죽으려면 잘 살아야 한다는 것을.

우리에게는 삶과 죽음을 마주하면서 더 많은 사랑과 용서, 감사와 이해를 나눌 기회가 필요하다. 미리 글로 써두거나 목소리를 녹음해두는 것도 좋다. 자신이 어떻게 기억되고 싶은지, 어떤 말을 남길지 스스로 정리하다 보면 묘한 기분이 들면서 가슴이 뜨거워진다. 삶의 마지막 순간 자신뿐 아니라 사랑하는 이들과 주변 사람들에게도 큰 영향을 미친다는 사실을 항상 염두에 두자.

의사로서 자원봉사를 하다가 만났던 한 중년 환자가 기억난다. 그의 마지막을 접할 때 나는 참을 수 없어 눈물을 흘렸고 그 슬픔이 내 삶을 완전히 바꿔놓았다. 우리는 종종 떠나보낸 이들의 삶을 떠올리면서 그리움과 아쉬움에 젖는다. 그렇지만 그들이 '참 좋게 잘 떠나갔다'고 생각할 수 있는 아름답고 의미 있는 이별은 드물다.

삶이 의미를 잃기 전에

삶의 끝자락에서조차 죽음은 여전히 우리에게 가르침을 전할수 있다. 어떤 원로 지도자가 인공호흡기에 의지한 채 생명을 부지하다 유언조차 남기지 못하고 세상을 떠났다는 소식을 접했을때 나는 커다란 아쉬움을 느꼈다. 평소 경륜에서 묻어나오는 지혜를 가르쳐주던 분이었는데, 마지막 죽음의 순간 역시 죽음은두려운 게 아니었다는 메시지와 지혜를 던지고 떠났다면 얼마나좋았을까? 삶에서 가장 중요한 지혜는 자신에게 진정으로 필요한게 무엇인지를 아는 것이다. 그런데 대부분 사람이 그 지혜를 찾지 못한 채 살다가 죽음을 맞이한다. 사랑과 생명을 노래하던 이들이 죽음을 초월한 사랑과 깨달음을 몸소 보여주지 못하는 현실이 너무 아쉽다. 이유는 하나같이 죽음을 제대로 준비하지 못해서다.

우리는 죽는 시점을 선택할 수는 없지만 미리 죽음이라는 사실을 인정하고 준비할 수는 있다. 누군가를 떠나보내며 당신을 만나 행복했다는 말을 건넬 수 있는 시간이 얼마나 소중한지 깨닫고있어야 한다. 당신 삶은 참으로 의미 있고 가치 있었다고 전할 시간이 우리 모두에게 필요하다. 그 반대도 마찬가지다. 삶의 마지막 순간이 죽음으로 끝장나버리는 게 아니라 새로운 시작으로 바뀔 수 있다. 금연 운동이 사회적 분위기를 쇄신해 실내 흡연이 자연스럽게 사라졌듯이, 죽음도 일상적으로 이야기하고 준비하는 문화로 자리 잡을 수 있다. 떠나는 길목에서 잠시 멈춰 살던 집을 둘러보고, 잘못했거나 미워했던 이들에게 용서를 구하며, 사랑했던 이들에게 함께 해줘서 행복했고 고마웠다고 작별을 고할 수 있는 시간이 반드시 있어야 한다. 죽음은 삶을 완성하는 마지막 순간이다. 누구나 죽음을 용기와 평온함으로 맞이하도록 하는 사회적 대화와 개인적 준비가 이뤄졌으면 좋겠다.

| 지금, 이 순간의 의미 |

지구에서 우리의 상대적 위치는 우주적 관점에서나 인간 가치의 무한함에 비하면 너무도 미미하다. 그러나 절대적 가치는 누구에게나 있다. 왜 그것을 깨닫지 못했을까? 부끄럽다. 삶의 처음이나 끝에서 바라보면 지금 우리가 가진 모든 것들의 가치가 새롭게 보일 것이다.

누군가의 삶을 신체적·사회적·정신적·영적으로 풍요롭게 해주는 사람이 있다면, 그 사람은 그 자체로 의미 있고 가치 있는 존재다. 인간이 세상에 존재하는 이유가 여기에 있다. 신분, 직업, 재산, 명예와 무관하게 만남, 손길, 장면, 냄새, 소리, 맛처럼 인간의 오감으로 느끼는 모든 순간이 우주에서 유일무이한 사건이기에 우리는 고유한 존재로서 의미가 있다. 우리가 누군가의 삶을 가치 있게 만들고 그 존재 이유를 밝히는 데 조금이라도 이바지할 수 있다면, 그것만으로도 우리가 존재하고 살아갈 이유가 되지 않을까? 바로 이 교감 속에서 우리는 삶의 의미를 찾고 서로 영혼을 교감한다. 만약 오늘이 우리 삶의 마지막 순간이라면, 내일이 더는 오지 않는다면, 우리는 지금까지 함께한 사람들과 이 시간을 어떻게 마무리해야 할까?

오늘 하루 우리가 느낀 몸과 마음의 피로, 정신과 영혼의 고통은 그저 지나치고 싶은 불행이 아니다. 그것들에 스스로 의미를 부여하고 신에게 이유를 설명할 수 있다면 천국의 문을 열 수 있는 열쇠가 될 것이다. 우리가 이 세상을 떠날 때 가져갈 수 있는 것은 단 두 가지뿐이다. 가장 큰 행복을 느꼈던 순간과 다른 이들에게 행복을 선사했던 순간이다. 설령 신을 알지 못하더라도 우리가 타인의 삶을 위해 자신을 희생하고 도움을 준 순간이 있다면 그것만으로도 우리는 천국의 문 앞에 설 자격이 있다. 우리가 같은 시간과 공간 속에서 살아가는 이유는 그 한순간을 위해서일지도 모른다.

이 세상이 끝나는 순간 또 다른 세계가 기다리고 있다고, 비록 또다시 고통스러운 삶일지라도 시간을 초월해 의미 있는 삶을 살아갈 수 있다는 믿음으로 죽음의 문턱을 넘자. 그러니 지금, 이 순간의 삶도 소중히 여기면서 감사와 기쁨의 마음으로 가득 채워보자. 매 순간 최선을 다해 살자. 어떤 결과를 마주하든 그 또한 감사히 받아들이며 괜한 후회 없이 기쁨으로 하루를 살아내자. 그렇게 매일 밤을 마무리하자. 내일 아침이 되면 또 어떤 운명이 기다리고 있을지 알 수 없지만, 언제나 설렘과 기대를 안고 하루를 시작하자. 매일 매일이 새로운 세상이다.

죽음은 실존적 존재가 본질로 돌아가는 여정이다. 하지만 단순히 되돌아가는 게 아닌 더 완전하고 발전된 모습으로 회귀해야 한다. 죽음의 순간 우리는 사랑과 이별, 성공과 좌절, 거짓과 진실, 허무와 충만의 장면들을 하나하나 돌아보게 될 것이다. 그때는 이해할 수 없었던 순간들이 파노라마처럼 펼쳐지고, 모든 것이 하나의 의미로 연결돼 있음을 깨닫는다. 그리고 우리 삶에서 늘 신의 손길이 함께했음을 감사하게 될 것이다. 삶과 죽음의 의미를 깨달은 사람은 미소 지으면서 천상병 시인처럼 삶이 아름다웠다고 기꺼이 말할 수 있을 것이다. 죽음을 심판의 순간이 아니라 사랑으로 맞이할 구원의 여정으로 바라보면 더는 죽음이 두렵

지 않다. 눈을 감았다가 뜨는 그 순간, 신과 함께하는 곳에서 다시
태어나 서로 만나게 될 것이다. 눈 감을 때의 눈물은 슬픔의 눈물
이 아니라 감사의 눈물이며, 다시 눈 떴을 때의 눈물은 고통의 눈
물이 아니라 기쁨의 눈물이 될 것이다.

평범한 동물들은 생명의 본성에 따라 본능적으로 생명을 이어
가면서도 죽음 이후를 준비하지 않는다. 그러나 인간인 우리는
다르다. 소크라테스는 감옥에서 탈출할 기회를 거부하고 진리를
실천하기 위해 죽음을 담담히 받아들였다. 예수는 겟세마니 동산
에서 기도를 드린 뒤 도망치지 않고 신의 사랑을 실천하고자 십자
가에 못 박혀 죽었다. 우리 역시 죽음 앞에서 두 가지 길을 선택할
수 있다. 두려워하며 도망치려는 모습을 마지막으로 남길지, 진
리와 사랑을 믿고 자신을 온전히 신과 자연에 맡길지는 우리의 몫
이다. 사랑하는 이들을 죽음의 두려움에서 해방하기 위해서라도
우리는 죽음을 초연하고 밝은 모습으로 맞이해야 한다. 그러면
우리의 마지막 모습은 남겨진 이들에게 희망과 평온으로 기억될
것이다.

죽으면 우리는 어디로 가게 될까? 모두가 한곳에서 왔듯이 모
두가 다시 한곳으로 돌아갈 것이다. 하지만 이 세상에 오기 전과
온 후의 모습이 다르듯 다른 형태로 새로운 차원에서 만나게 될

것이다. 함께한 모든 인연이 영혼의 실타래로 뭉쳐 '나'와 '너'를 초월한 하나의 '우리'로 영원히 존재할 것이다. 살면서 가끔은 사랑을 통한 깊은 일체감과 행복감을 느끼는 순간이 있다. 나는 죽음 이후의 삶 또한 그와 같으리라고 믿는다. 죽음을 넘어선 사랑이 영원을 향해 나아가는 바로 그것이 진정한 부활이자 삶과 죽음의 궁극적 의미다.

우주에서 완전히 사라지는 존재는 어디에도 없다. 그저 형태가 변하고 에너지가 바뀔 뿐이다. 차원을 넘어 우리가 왔던 곳으로 되돌아갈 따름이다. 이 세상을 떠나는 순간은 필연이다. 최선이다. 가지 않은 길에 대한 믿음, 우리가 맡은 역할, 공동의 선을 생각하며 죽는 날까지 살아가는 것이다. 신은 선함과 사랑 그 자체이므로 죽음 이후의 세계도 선할 것이다. 죄를 지었다고 두려워하지 말자. 인간이 죄를 구분하고 벌을 정할 뿐 신에게 죄인이란 없다. 뉘우쳐 구원의 여정에 올랐다면 보시기에 좋을 것이다. 죄 그 자체가 벌과 고통을 동반하며, 그 속에서 우리는 성장하고 성숙한다.

우리는 내일을 알 수 없다. 그것이 우리의 유일한 한계다. 톨스토이가 《사람은 무엇으로 사는가》에서 미하일의 입을 통해 말한 것처럼, 우리는 내일을 모르기에 진정으로 필요한 게 무엇인지도

삶이 의미를 잃기 전에

알 수 없을 때가 많다. 그러나 우리는 이 무지를 사랑과 배려로 극복할 수 있다. 사랑과 배려가 우리의 존재 이유다. 우리가 살아있음은 수많은 사람의 보이지 않는 사랑과 배려 덕분이다. 그렇기에 우리가 모르는 미래의 죽음도 사랑과 배려로 극복할 수 있다.

언젠가 새벽에 죽음의 공포를 느껴 식은땀을 흘리면서 깨어난 적이 있다. 내 삶의 부끄러운 순간들이 파노라마처럼 스쳐 지나가던 꿈이었다. 마음을 가다듬고 서재로 가서 앉았다. 중학생 시절 누님의 죽음을 겪은 이후 나는 어떤 삶을 살아야 할지, 어떻게 하면 잘 살 수 있는지 깊이 고민했다. 그렇게 반세기를 나름대로 진지하고 성실하게 살아왔다. 선택의 순간마다 후회하지 않으려고 최선을 다했다. 하지만 늘 최선의 결과를 이끌어내지는 못했다. 그것이 마음속 어딘가에 아쉬움으로 남아 가끔 나를 괴롭히는 것 같다. 그 또한 내 삶이니 품고 살아야 할 것이다.

나도 이제 살아갈 날보다 살아온 날이 더 많은 나이가 됐다. 남은 삶을 어떻게 마무리할 것인가? 어떤 모습으로 기억되기를 바랄 것인가? 모두 선택의 문제다. 우리 선택이 우리 삶을 결정짓는다. 우리 삶의 기록이 죽음을 통해 완성되고 정신적 유산으로 남아 여전히 살아있는 사람들의 삶으로 이어진다. 과거에 감사하면서 현재를 의미 있게 살고 미래에도 이 마음이 이어지기를 바라며 계속 열심히 사는 것이다.

나는 내가 더는 세상에 이바지하지 못할 때가 오면 마지막 소원으로 여행을 떠날 것이다. 그런 뒤 소중한 사람들을 초대해 만찬을 나누고 작별 인사를 한 다음 곡기를 끊고 죽음을 맞이할 준비에 들어갈 것이다. 눈을 감고 스스로 이렇게 되뇌면서.

삶이란 무엇인가?

사랑이란 무엇인가?

나는 왜 살았는가?

나는 무엇을 위해 살았는가?

내 삶은 정말로 의미 있었는가?

나는 지금 죽어도 후회가 없는가?

죽음 이후 나는 어떻게 될까?

과연 나는 부활할까? 삶이 계속될까?

이런 질문들을 사는 동안에도 끊임없이 던지고 있다. 내가 어떤 사람으로 살았고, 무엇을 남겼고, 죽음 이후 어디로 향할지 질문하면서 내 삶의 의미를 찾아간다. 삶은 사랑이며 죽음은 그 사랑을 완성하는 또 다른 여정이다. 죽음으로 비로소 이 세상에서의 역할을 마친 스스로에게 고마워하며 떠나고 싶다. 그 너머에서 언젠가 다시 만나리라는 믿음으로. 삶의 마지막 순간까지 기쁘게 최선을 다하며 살 것이다. 내가 떠난 후에도 내 삶이 누군가에게 작은 위안과 희망으로 남는다면 그것으로 충분하지 않을까?

| 절망 속에서도 잃지 말아야 할 희망 |

거대한 태풍으로 둑이 무너지고 도시가 물에 잠겼다. 312명의 환자가 입원해 있는 병원도 고립됐다. 물과 음식이 부족한 데다 기본적인 위생 처리도 불가능한 상황에서 기온마저 43도까지 치솟았다. 전기 공급 중단으로 생명 유지 장치가 멈춘 탓에 중환자들은 고통 속에서 서서히 죽음을 맞이하고 있다. 여러분이 의사라면 이런 상황에서 무엇을 할 수 있을까? 고통스럽게 죽는 모습을 그저 지켜봐야 할까, 아니면 고통이 없도록 죽음을 앞당겨줘야 할까?

이 끔찍한 상황은 2005년 8월 허리케인 카트리나가 뉴올리언스를 덮치고 사흘 뒤 한 병원에서 실제로 벌어진 일이다. 구조 작업이 진행되던 중 45구의 시신이 발견됐다. 의사들이 이른바 '기분 좋게 해주는 주사'를 투여했다는 증언이 흘러나왔다. 사실이라면 병원에서 중환자들을 안락사시킨 것이다. 엄청난 논란이 예고됐다.

그런데 부검 결과 진짜였다. 카트리나로 병원이 고립되고 중환자 11명이 고통 속에서 사망하자 긴급회의 끝에 생존 가능성이 없는 34명의 중환자를 모르핀(morphine)과 벤조디아제핀(benzodiazepine) 투약으로 안락사시킨 것이었다. 충격적인 사건의 진상이 밝혀지자 안락사 찬반 논쟁에 다시 불이 붙었고, 의료진은 2급 살인죄로 기소됐다. 격렬한 논쟁 속에서 재판이 진행된 끝에 약 2년 뒤인 2007년 7월 뉴올리언스 법원은 당시 상황상 안락사가 불가피했다는 배심원의 의견을 수용해 사건을 기각했다. 그러나 이후 여러 정황 증거가 드러나면서 지금까지도 안락사 논쟁의 주요 사례로 남아 있다.

안락사란 인간 생명이 회생 불가능하고 고통 속에서 죽음에 이른다고 판단될 때 이를 인위적으로 단축해 사망케 하는 행위다. 고통과 절망 속에서 죽음을 기다릴 수밖에 없는 환자에게 고통을 덜어주는 처방은 옳다고 할 수 있다. 고통을 덜어주기 위한 목적이라도 결과적으로 죽음을 앞당기는 것이라, 우리나라를 포함한 여러 국가에서 아직 논쟁 중인 사안이다. 의사가 직접 약물을 주입해 죽음에 이르게 하는, 이른바 '적극적 안락사'다. 한편으로 의식이 있는 환자에게 의사가 약물 등의 수단을 제공해 환자 스스로 생명을 끊도록 돕는 '의사 조력 자살'이 있는데, 엄밀한 의미에서 스스로 죽음에 이르는 행위다. 정확히 말하자면 '의사 조력 사망 (Physician-assisted Dying)'이다. '적극적 안락사'와 '의사 조력 자살'을 포함한 용어다. 국가에 따라 다르게 표현하는 '품위 있는 죽음'을 위한 방식이다.

물론 상황이 더 복잡한 때도 있다. 의료진이 제한된 자원과 인력만으로 중환자들의 호흡을 유지해야 해서 회복 가능성이 있는 다른 환자들을 돌보지 못하는 상황이라면 어떻게 해야 할까? 이런 윤리적 딜레마는 전쟁 상황과 비교되곤 한다. 한정된 자원으로 한 명의 병사와 여러 명의 병사 중 어느 한쪽만을 구해야 하는 상황이라면 더 많은 생명을 구하는 선택이 옳을까? 공리주의 관점에서는 그게 합리적일 테지만 의무론적 관점에서는 모든 생명이 소중하기에 쉽게 단정지을 수 없을 것이다. 더구나 대재앙 같은 절망적인 상황에서는 삶과 죽음의 선택을 단순한 논리로 판단하기 어렵다.

그래도 나는 한정된 자원과 인력을 가장 합리적이면서 효과적으로 사용해야 한다고 생각한다. 혜택을 절대 다수에게 제공할 것인지, 필요한 소수에게만 줄 것인지를 놓고서도 논란이 분분하다. 몇 사람의 판단만으로 섣불리 내릴 결정이 아닌 사회 정의와 공감에 기반한 사회적 합의가 필요한 문제겠지만, 이런 합의를 이루는 일이 쉽지만은 않다. 극단적인 상황이 자주 일어나지 않은 게 다행이라면 다행이나, 기후 위기로 더 잦아지는 자연재해를 생각하면 적절한 대책을 시급히 마련해야 할 것이다. 재난이 발생했을 때 가장 큰 피해를 당하는 사람들은 대개 경제적 취약 계층이나 신체적으로 약한 어린이와 노년층이다. 그러므로 결국 이들에 초점을 맞춰 사회적 안전망을 강화하고 이에 대한 투자를 아끼지 말아야 할 것이다.

비록 우리가 삶과 죽음의 경계에서 어려운 선택을 마주할 수밖에 없는 순간이 오더라도, 그 안에서 생명을 소중히 여기는 인간적인 환경을 만들어가는 게 중요하다. 그 환경이 절망 속에서도 희망을 발견할 힘으로 작용할 것이다. 삶의 마지막 순간이든 지금 살아가는 순간이든 삶을 존중하며 품위와 사랑으로 가득 찬 사회를 만드는 것이 우리의 의무다.

임종을 앞둔 환자들에게 인간적이고 적절한 돌봄을 제공하고자 할 때 의학적·사회적·경제적 제약을 극복하지 않고서는 해결할 수 없는 과제가 많다. 그렇지 않으면 환자와 가족 그리고 사회는 부적절한 선택을 강요받을 수밖에 없다. 품위 있는 죽음을 위한 노력은 돌이킬 수 없는 질병의 자연적 과정을 인간의 불가항력적 조건으로 받아들이도록 돕는다. 나아가 가족과 사랑을 나누고 삶을 정리하면서 삶에 의미를 부여할 기회를 제공한다.

우리는 태어난 순간부터 삶의 길을 걸어가지만 결국 죽음을 향해 나아가는 존재다. 단순히 얼마나 오래 살았는지보다 어떻게 가치 있는 삶을 살았고 어떤 의미 있는 모습으로 삶을 마무리했는지가 중요하다. 죽음 앞에서 인간의 품격을 지킨다는 것은 매우 중요한 일이고 어려운 일이다. 특히 가족을 중시하는 우리 문화에서는 그 의미가 더욱 크다. 과거와 달리 핵가족화와 맞벌이 증가로 가족들이 임종 환자를 간호하거나 돌볼 기회가 점점 줄어들고 있다. 아파트 중심의 주거 환경도 집에서 편안히 죽음을 맞이하는 일을 어렵게 만들었다.

그렇지만 이런 현실 속에서도 우리는 죽음의 순간 내가 무엇을 위해 살아왔고 어떤 의미가 있었는지 돌아봐야 하며, 다른 사람들의 사랑과 배려 속에서 살았음을 깨달아야 한다. 죽음을 부정적으로 거부하기보다 삶의 완성으로 수용할 필요가 있다. 자율적인 존재로서 삶의 마지막 순간을 환자 스스로 결정할 수 있도록 돕는 것, 삶과 사랑을 나눌 귀중한 기회를 제공하는 것은 '품위 있는 죽음'을 위한 인간적인 너무나 인간적인 배려다.

우리 사회 구성원 모두가 바람직하면서도 품위 있는 죽음에 대해 공감대를 형성하고 사회적 합의를 이룬다면 죽음의 과정에서 불필요한 치료를 선택하는 소모적 갈등이 줄어들 것이다. 가족들도 심리적 부담에서 벗어나 훗날 사랑으로 마지막을 함께하며 자연스럽고 품위 있는 죽음을 맞이할 수 있을 것이다. 임종 환자와 가족의 처지에서 죽음의 현실을 이해해 인간적이고 온정적인 돌봄에 걸림돌이 되는 요인을 찾아내는 노력도 필요하다. 죽음의 문제를 개인의 문제로 치부해서는 안 된다. 모두의 품위 있는 죽음을 위해 사회적 차원에서 적극적으로 논의하고 지혜를 모아 사회적 합의를 도출할 때다.

삶이 너무 고통스러워 태어나지 않았으면 좋겠다고 생각하는 사람들이 스스로 생을 마감하는 것도 그들을 공동체의 일원으로 받아들이지 못하고 돌보지 못한 우리의 잘못이다. 품위 있는 죽음은 결국 품격 있는 삶이 있어야 가능하다. 우리 사회가 더 따뜻하고 인간적인 환경에서 죽음을 논의하고 삶의 끝자락까지 사랑과 존엄을 잃지 않도록 함께해야 한다.

삶이 의미를 잃기 전에

| 사랑으로 보듬어야 할 고통 |

모든 삶은 아름다우며 삶이 소중하지 않은 사람은 없다. 그래서 누군가 세상을 떠나야 하거나 사랑하는 사람을 떠나보내야 할 때 그 소중함은 더욱 절실하게 다가온다. 중학교에 다니던 시절 나는 스물네 살 큰 누님의 암 투병을 지켜봐야 했다. 그때 나는 처음으로 말기 환자 가족이 겪는 고통을 절감했다.

의사가 된 뒤로는 누님 때와 같은 말기 환자들의 고통을 더 자주 마주하게 됐다. 매년 약 8만 명이 말기암으로 고통을 겪고 있다는 현실은 결코 외면할 수 없는 문제다. 의사들은 종종 말기 환자들에게 집에서 편히 지내라고 조언한다. 무슨 수로 편히 지낼 수 있을까? 말로는 표현하지 못할 통증과 10가지가 넘는 증상으로 고통을 받기에 도저히 편히 지내지 못한다. 그뿐만 아니라 환자의 고통은 그대로 가족의 고통으로 이어진다. 말기 환자를 돌보는 가족은 감당하기 어려운 부담을 떠안는다. 매년 약 30만 명의 가족이 사랑하는 이의 죽음을 직면해야 하며, 4만여 명은 간병 때문에 결국 직장을 그만두거나 저축한 돈 대부분을 잃는다. 살던 집을 팔고 작은 셋방으로 이사하거나 자녀 교육을 미루는 가정도 있다. 말기 환자에 대한 사회적 안전망이 부족한 탓에 어머니가 딸을 죽음에 이르게 하거나 환자 스스로 목숨을 끊는 일도 비일비재하다.

그나마 말기 환자의 삶의 질을 높이는 대안으로 마련된 호스피스 의료도 현재 단 5%의 환자들만이 혜택을 받고 있다. 선량하고 무고한 사람들이 죽음의 고통 속에 내던져진 현실을 보면서 과연 이들에게 희망이 있는 것인지 의문이 들지 않을 수 없다. 말기 환자와 그 가족들은 신체적·정신적으로 지쳐 있고 사회적·경제적 부담에 짓눌려 스스로 무엇이 필요한지조차 모른다. 도움을 요청할 여유도 없이 그저 하루하루를 간신히 버티고 있을 뿐이다. 우리 사회의 배려와 사랑이 절실하다.

대한민국 헌법 제10조는 "모든 국민은 인간으로서의 존엄과 가치를 가지며, 행복을 추구할 권리를 가진다"고 명시하고 있다. 말기 환자도 당연히 인간으로서 존엄과 가치를 갖고 있으며, 행복을 추구할 권리가 있다. 그들의 고통을 덜어주고 품위 있는 죽음을 맞이할 수 있도록 돕는 것은 우리 모두의 의무다. 우리 사회의 원로, 종교인, 정치인들이 죽음의 슬픔과 의미를 진정으로 이해한다면 그저 장례식장만 빛낼 게 아니라 살아있는 말기 환자 가족의 고통을 덜어주는 데 더 큰 노력을 기울여야 할 것이다. 인간은 오직 다른 사람의 사랑에 의해 살아간다는 희망을 소설이 아닌 현

삶이 의미를 잃기 전에

실에서 보여줘야 한다.

품위 있게 죽고 싶은 사람들을 외면해서는 안 된다. 이들의 고통스러운 죽음이 사랑하는 이들에게 남기는 상처는 우리 모두의 삶을 거칠게 하고 죽음에 대한 두려움을 키운다. 다행히 최근 정부가 예산을 투입해 가정에서 요양 중인 말기 환자들에게 가정형 호스피스를 제공하고 있다. 그런데도 정신 보건이나 노인 보건과 비교하면 여전히 부족한 수준이다. 정부 지원이 신속히 확대되고 구체화하기를 희망한다. 말기 환자와 그 가족들을 위한 노력이 우리 모두의 두려움을 극복하는 희망이 될 것이다. 언제 찾아올지 모를 죽음의 순간에 서로를 배려하고 품위를 지키며 사랑을 나눌 수 있는 환경을 만드는 일은 인간다움의 시작이자 끝이다.

병마와 싸우는 환자들은 신체적 고통뿐 아니라 정서적·사회적으로도 큰 상처를 입는다. 이들 곁에서 환자를 지키는 가족은 어떨까? 암 환자 가족의 고통을 이야기하다 보면 환자가 힘들지 가족이 힘든 게 뭐가 있느냐고 말하는 사람도 있다. 물론 환자의 고통이 가장 크다는 점은 부정할 수 없다. 그러나 환자 가족들이 겪는 고통이 환자만큼 아니 그 이상일 때도 많다. 환자가 입원하면 가족 가운데 누군가는 간병을 위해 직장을 휴직하거나 그만둬야 한다. 움직이지 못하는 환자를 병원에 데리고 가고 힘든 일을 대신 떠맡아야 한다. 서울에 살던 며느리가 시골로 내려가 시부모님 대소변을 받아내며 간호하고 있다는 이야기도 낯설지 않다. 말기 환자 간병은 신체적 돌봄 이상을 요구한다. 경제적 부담도 우리 예상을 훌쩍 뛰어넘는다. 앞서 말했듯이 병원비로 모아놓은 돈을 다 쓰게 돼서 집을 팔고 셋방살이하거나 자녀들이 학업을 이어나가지 못하는 경우도 태반이다.

경제적 부담뿐 아니라 정서적으로도 말기암 환자 가족은 회복하기 어려운 상처를 입는다. 암 환자 가족 310명을 대상으로 진행한 설문 조사에서 3명 중 2명은 우울증을 보였다. 그리고 30% 이상은 심각한 우울증으로 치료가 필요한 수준이었다. 서구에서 발표한 자료와 비교해도 우리나라 암 환자 가족들의 우울증 정도가 더 심했다. 환자를 돌보는 데 온 힘을 쏟다 보니 정작 자신들의 건강은 뒷전으로 밀려 예상치 못한 병에 걸리기도 한다. 가족이 환자보다 더 깊은 우울증에 빠지기도 한다. 치료가 끝나도 재발과 합병증 걱정은 사라지지 않는다. 피치 못할 사정으로 병든 부모와 멀리 떨어져 사는 자녀들은 하루하루 안부를 물으며 마음을 졸인다. 대가족이던 과거와 달리 돌볼 사람이 부족하다는 것도 문제다. 가족 간 돌봄이 어려운 현실에서 간병인을 고용하면 경제적 부담이 상당하다.

삶이 의미를 잃기 전에

가족의 부담을 줄일 방법은 없을까? 최근 자원봉사 활동 관심이 높아지고 있다. 기업들도 사회적 책임을 다하겠다는 의지로 봉사활동에 참여하고 있다. 정부 차원에서 자원봉사자들을 체계적으로 교육하고 경제적 취약 계층 가족들을 지원하는 방안을 마련하면 병원이나 가정에서 환자를 간병하는 데 큰 도움이 될 것이다. 우리나라 고유의 품앗이 전통을 살려보는 것도 좋은 방안이다. "우리가 남이가?"라는 말이 있듯이 3.6명만 건너면 다 아는 사이인 겨레의 정을 활용해 서로 도와가며 사는 것이다. 맹자의 "내 어른을 공경하듯 남의 어른도 공경하고, 내 아이를 사랑하듯 남의 아이도 사랑하라"는 정신을 실천할 때다.

　이미 몇몇 국가에서는 가족이 직장을 그만두지 않고 환자를 간병하도록 무급이나마 휴가를 보장하는 '가족 돌봄 휴직' 정책을 시행하고 있다. 취약 계층 환자를 돕는 공적 간병인 제도도 고려할 만하다. 우리 사회가 진정한 선진국으로 나아가려면 환자와 가족의 부담을 줄이기 위한 정부 보건당국의 대책 마련이 필수적이다. 단순히 환자의 고통뿐 아니라 가족의 건강까지 챙기려는 노력이 필요하다. 환자와 가족들에게 우리 사회의 배려와 사랑이 닿을 때 고통 속에서도 다시 희망을 찾을 수 있을 것이다.

　자살을 바라보는 시각도 바뀌어야 한다. 오래전 어떤 연예인의 죽음을 언론에서 크게 다룰 때, 진정한 애도 기사라기보다 신문 판매 부수나 조회수를 늘리려는 상업적 의도가 빤히 보여 눈살이 찌푸려졌다. 이후에도 그런 일들이 많았고 지금도 별반 다르지 않다. 우리는 흔히 현상의 표면에만 집착하고 그러다 보면 현상의 본질은 금세 잊혀 근본적 문제 또한 계속 방치된다. 학자들이나 자살 문제 전문가라는 사람들도 일시적인 대책을 제시하는 데 그칠 뿐 왜 그와 같은 자살이 일어나는지, 어떻게 해결해야 하는지 끈질기게 파고들려고는 하지 않는 듯하다. 기자들도 그렇다. 사회적 문제를 찾아 근본적인 해결책이 제시될 때까지 집요하게 파고드는 '기자 정신'이 필요하다.

베로니카 게린처럼 목숨 걸고 취재해야 한다는 의미는 아니지만, 사회 문제를 다루는 저널리스트라면 사태의 본질을 파헤치기 위해 할 수 있는 모든 것을 해야 하지 않을까? 저널리즘을 소재로 한 영화에서 감동을 느끼는 까닭도 그런 태도가 중요하기 때문일 것이다. 기자 정신을 유감없이 보여준 영화가 한 편 더 있다. 사형제도의 모순과 부조리를 다룬 〈데이비드 게일(The Life Of David Gale)〉이다. 제목과 달리 극 중에서 빗시 블룸(Bitsey Bloom)이라는 여성이 기자인데, 억울한 누명을 쓰고 사형수가 된 유명 대학교수이자 사회 운동가 데이비드 게일을 취재하면서 단서를 찾아

삶이 의미를 잃기 전에

사건의 실체를 파헤쳐가는 내용이다. 사형제도의 불완전성과 억울한 누명을 쓴 사람이 사형당할 가능성에 문제를 제기하면서 진실을 찾고자 애쓰는 기자의 시선과 사법 체제의 한계를 보여주는 여운 강한 영화였다. 나도 그러고 싶지만 못하고 있어서 대리만족이 더 강하게 들었는지도 모르겠다.

자살은 단순히 개인의 나약함 때문에 일어나는 일이 아니다. 타인의 시선과 가치를 기준으로 자신을 평가하는 데서 비롯된다. 우리는 자신의 고유한 가치를 외부에서 찾으려 하고 스스로 유일무이한 존재로서의 가치를 깨닫지 못할 때 극심한 절망감에 사로잡힌다. 세상과 시대가 강요한 잣대에 억지로 자신을 끼워 맞춰 억압하면 자아 파괴로도 이어질 수 있다.

보편적 가치란 모든 개인의 고유한 가치를 수용하고 존중할 때 비로소 완성된다. 실존이 언제나 본질에 앞선다. 보편적 가치가 개인의 가치를 품지 못하면 그 가치는 여전히 미완성인 상태로 남게 된다. 개인은 자신의 존재로 보편적 가치를 완성할 책임이 있다. 그 과정에서 우리는 존재와 허상을 구분해야 한다. 자살이라는 사회적 현상도 개인의 문제로만 치부할 수 없다. 고통을 해결하고 삶의 의미를 발견하도록 돕는 사회적 안전망이 부족하고 그런 길을 보여줄 사회 지도층이 없어서 벌어지는 현상이다. 인간 생명의 가치를 무시하고 거창한 다른 명분만 내세우는 사회 구조가 이 문제를 악화시킨다.

사회적·경제적 발전도 인간 생명과 자아실현에 의미를 더할 때라야 비로소 가치가 있다. 발전 자체만을 목표로 삼고 소외된 사람들에게 관심을 기울이지 않는 사회는 절대로 발전할 수 없다. 우리 각자가 자신의 자리에서 사회 문제를 근본적으로 해결하기 위해 지속적인 관심과 노력을 기울이면 진정한 인간 발전과 가치 실현에 이바지할 수 있을 것이다.

인간은 존재하지 않는 것들을 상상하고, 그것을 존재한다고 믿으며, 실제로 존재하게 만든다. 그 창조적 행위 속에서 인간은 신적인 존재로 거듭난다. 고유하고 독특한 자신의 가치를 깨닫고 그 가치를 세상과 나누려는 노력 속에서 인간은 존재의 의미를 완성한다. 그것이야말로 우리가 추구해야 할 궁극적인 삶의 방향이다. 개인의 고통과 절망감을 사회적 문제로 인식해 모든 사회 구성원이 존엄한 인간으로서 자신의 가치를 발견하고 존재의 의미를 실현할 수 있도록 근본적이면서도 실질적인 정책과 공동체적 사랑으로 개개인을 보듬어야 할 때다.

| 삶의 마지막 기회 |

애초에 삶은 안정과는 거리가 멀다. 불확실하고 위기의 연속이
다. 안정되고 싶다는 집착을 버리고 몸과 마음을 가볍게 해야 한
다. 소유도 사실 큰 의미가 없다. 결국 내 것은 어디에도 존재하지
않는다. 잠깐 빌려 쓰는 것이다. 소유의 삶이 아닌 존재에 충실한
무소유의 삶을 지향하자. 여기에서 무소유란 아무것도 갖지 않는
다는 사전적 의미라기보다 재산, 지위, 명예 등 그동안 갖고 있던
것들이 사라지더라도 얼마든지 새롭게 시작할 수 있다는 자세다.
존재로서 삶을 살겠다는 태도다. 그러려면 절대 우위가 아닌 비
교 우위 관점에서 세상을 바라볼 줄 알아야 한다. 구태의연한 과
거 방식을 과감히 버리고 위기에 오롯이 맞서면서 문제를 진단하
고 해결해 바라는 결과로 다가설 수 있는 수 있는 새로운 패러다
임을 설정해야 한다.

높은 삶의 의미와 가치를 추구하는 사람은 위기를 맞이할 준비
가 돼 있다. 위기를 발전하기 위한 새로운 시작으로 삼는다. '위
기'와 '기회'에 공통으로 '기'가 들어가서 보통은 위기를 말할 때 위
험에 직면하더라도 이를 기회로 받아들이면 충분히 극복할 수 있
다고 격려하곤 하지만, 사실 '기(機)'는 '변화의 순간' 또는 '중대한

시점'이라는 뜻과 더 가깝다. 위기를 기회로 여기는 것도 좋은 자세이나 위기가 오면 반드시 '변화'해야 한다는 생각을 갖는 게 훨씬 중요하다. 위기에 부딪히면 나 자신이 변화해야 할 중대한 시점이라고 여겨야 한다. 그래서 빅터 프랭클은 "우리가 상황을 변화시킬 수 없다면 우리 자신을 변화시키도록 도전받게 된다"고 말했다. 지금 우리가 겪는 모든 위기는 우리 스스로 변화해야 한다는 신호다.

삶이 의미 있으려면 몸과 마음이 건강해야 하고 위기를 잘 극복해야 한다. 그래야 죽을 때 삶을 제대로 완성할 수 있다. 우리가 해야 할 일은 과거의 경험을 살리고, 선조들의 지혜에 귀 기울이고, 가족과 친구와 동료 그리고 우리가 미처 알지 못하는 수많은 선한 이들의 도움을 믿는 것이다. 우리 자신의 고유한 삶의 의미를 찾겠다는 목표를 세우고 최선을 다하면서 미래를 향해, 죽음을 향해, 용기 있게 나아가는 것이다.

위기를 극복할 때 잊지 말아야 할 또 다른 중요한 한 가지는 타인에 대한 배려다. 모든 사람에게 감사하며 살아가자. 누군가 우리에게 선을 베풀지 않았더라도 악을 행하지 않은 것만으로 선을 베푼 셈이며, 또 누군가 우리 대신 위험을 인지하고 방지하려고 노력했다면 그 또한 우리에게 선을 베푼 것과 다름없다. 그 과정에서 희생이 일어났다면 더더욱 감사해야 한다. 위기를 딛고 일어선 이후에도 늘 자기 삶이 의미를 유지하고 있는지 확인해야 한다. 시간이 흘러 상황과 환경이 변해 목표를 잃거나 목표에서 멀어질 때도 의미를 포기하지 말고 삶의 내비게이션을 켜서 다시 새로운 경로를 찾고자 스스로 동기를 불러일으켜야 할 것이다. 매 순간이 시작이다. 안주하는 게 가장 큰 위기다. 성장을 위해 또 다시 변화해야 한다.

　삶은 불확실성과 위기의 연속이며 소유가 아닌 존재에 충실할 때 비로소 삶의 의미를 찾을 수 있다. 우리는 언제나 위기를 변화의 순간으로 받아들여야 한다. 우리가 변화하든 변화하지 않든 우리 삶의 끝자락에는 반드시 죽음이 기다리고 있다. 우리는 반드시 사랑하는 사람들을 떠나보내야만 하고 우리 자신도 반드시 떠나야 한다. 그렇지만 끊임없는 변화로 삶의 의미를 충만하게 한 사람은 죽음의 의미마저 바꿔놓는다.

　우리는 결국 죽는다. 그리고 우리 자신이 죽기 전까지 수많은 다른 이들의 죽음을 목도한다. 모든 죽음은 우리의 삶과 죽음에 영향을 미친다. 우리 시대를 빛냈던 이들이 세상을 떠난다. 그리움으로, 아쉬움으로, 슬픔으로 그들의 삶을 떠올린다. 그러나 아름답고 의미 있던 삶이라도 죽음의 순간이 불행하거나 미진하면 너무나도 안타깝다. 한세상 잘 살다가 잘 떠나갔다고 마음 편히 인정할 수 있는 경우가 매우 드물다. 인공호흡기로 겨우 숨만 유지하다가 유언조차 못 남기고 떠나는 사람들이 부지기수다. 오랜 경륜과 깨달음으로 삶을 마무리할 지혜를 가졌던 이들도 아무런 준비 없이 무기력하고 허무하게 죽음을 맞이하고 만다. 사람은 모두 죽는다는 사실, 자신도 죽으리라는 사실을 분명히 알았을 텐데 실로 많은 이들이 죽음을 준비하지 못한 채 삶을 마친다.

아무리 훌륭한 현자라도 죽음을 제대로 준비하는 모습을 보여준 사람은 많지 않다. 그 죽음마저 교훈으로 남기고 가는 모습을 나는 정말이지 보고 싶다. 살아생전 사랑과 생명을 노래하고 진리와 영원을 추구하던 이들이 마지막 순간에조차 삶의 의미를 완성하고 실천하는 모습을 보인다면 남겨진 이들에게 크나큰 유산이 될 것이다.

삶의 마지막 순간이 다가올 때 그 고통 속에서도 의미를 찾는 존재가 되자. 삶의 마지막 몇 시간 며칠을 더 사는 것은 중요하지 않다. 그 시간, 죽음으로 삶을 완성하는 그 짧은 순간을 과연 어떤 태도로 임할 수 있느냐가 중요하다. 사랑하는 이들을 떠나보낼 때 우리는 슬픔에 잠길 수밖에 없지만, 슬픔 가운데서도 뜨거운 고마움을 전할 수 있다면 그런 죽음이야말로 참된 삶의 완성

삶이 의미를 잃기 전에

이라고 할 것이다. 진심으로 사랑했고, 고마웠고, 행복했다고 말할 수 있는 죽음의 순간을 모두가 누렸으면 좋겠다. 그냥 허무하게 가지 말고 그 시간을 모두가 확보하기를 바란다. "의미 있는 삶이었고 함께한 시간들이 너무나도 고마웠고 행복했다"는 말로 꼭 마무리하는 죽음이 되기를 간절히 소망한다.

　삶과 죽음은 단절된 것이 아니다. 우리가 누군가를 떠나보내면 먼저 세상을 떠난 이들이 그 사람을 맞이해줄 것이다. 그리고 언젠가 우리가 떠날 때도 우리보다 앞서 떠난 이들이 우리를 반겨줄 것이다. 새로운 세계에서 우리를 기다리는 이들을 향해 나아가는 것이 죽음의 또 다른 의미일지도 모른다. 죽음은 두려운 것이 아니다. 죽음은 피할 수 없는 현실이고, 죽어야만 삶이 완성된다. 우리는 삶을 통해 의미를 찾고, 죽음을 통해 의미를 완성한다. 죽음이 있어야 새로운 삶이 탄생하며, 우리 존재는 메시지와 기억으로 이어진다. 그렇기에 우리는 남겨질 이들에게 이어질 마지막 메시지를 위해 삶을 의미 있고 충실하게 살아가야 한다.

　삶의 마지막 순간에 여러분은 어떤 모습이기를 바라는가? 아름다운 마무리를 위한 시간은 얼마만큼 필요한가? 그 시간을 위해 여러분은 무엇을 준비하고 있는가? 누구나 자신의 전설과 인생의 가르침을 남길 수 있다. 삶을 위해 늘 죽음을 생각하자. 죽음이 우리에게 묻는다. "어디로 가려는가?", "무엇을 하려는가?", "무엇이 소중한가?", "어떤 사람으로 기억되고 싶은가?"

나는 삶의 마지막 순간 사랑하는 사람들에게 사랑했고 고마웠고 행복했다는 인사를 전한 뒤 곡기를 끊어 자연스럽게 죽음을 맞이하거나, 만약 그때 법이 허용하고 있다면 의사 조력 자살로 그간의 모든 삶을 마무리할 것이다. 내가 떠난 후에도 남겨진 이들이 내 삶의 의미를 기억하면서 그동안 함께했던 순간들에 감사할 수 있기를 바란다.

삶은 죽음을 향해 나아간다. 우리는 언젠가 죽고 우리 존재는 또 다른 의미 있는 존재로 이어질 것이다. 인간은 의미를 찾을 줄 아는 존재이며 삶의 위기조차 도전과 성장의 기회로 바꿀 수 있다. 우리는 연속적이면서 공동체적인 삶을 산다. 누가 가져다준 게 아닌 스스로 선택한 삶이다. 여러분이 삶을 마무리하는 순간까지 의미 있는 삶을 살아가기를, 삶의 마지막 기회를 멋진 패러다임으로 전환하는 데 성공하기를 바란다. 의미 있는 삶을 살다가 아름답게 죽고 또 다른 의미 있는 삶으로 이어져 존재하기를 기원한다.

삶이 의미를 잃기 전에

삶의 의미가 사라지지 않게

우리의 삶은 질문과 선택의 연속이다. 질문에 답한 선택이 쌓이고 쌓여 지금의 나를 만들고 내일의 나를 향해 나아가게 한다. 그런데 우리는 종종 질문을 멈추고 선택의 이유를 잊은 채 하루하루를 그냥 살아가곤 한다. 삶의 속도는 늘 빠르고, 우리는 그 속도에 휘둘리면서 자신에게 가장 중요한 물음을 뒤로 미루고는 조금씩 불안을 저축한다.

어떻게 살아야 할까? 무엇을 위해 살아야 할까? 그리고 삶의 여정을 마칠 때 어떤 흔적을 남기고 떠나야 할까? 이런 물음이 태어난 순간부터 죽음의 문턱에 이를 때까지 우리를 계속 따라다닌다. 우리는 이 질문에 답하지 못하면 앞으로 나아가지 못한다. 우리의 삶은 끊임없이 이 물음에 답하려는 노력 속에서 비로소 의미를 얻는다.

우리는 모두 결핍된 존재들이다. 그렇기에 부족한 부분을 채우고자 더 나은 자신과 더 나은 세상을 꿈꾸며 산다. 그 과정에서 완벽한 해답을 찾을 수 없더라도 괜찮다. 인간은 완전함을 목표로 삼을 뿐 완전함에 도달할 수 있는 존재는 아니기 때문이다. 목표를 향해 나아가는 길 위에서의 노력과 성찰이 중요하다. 때로는 가지 않는 길도 선택해야 한다. 그 길에서 우리는 자신을 더 깊이 이해하고, 타인과 세상에 손을 내밀며, 사랑과 나눔을 실천할 수 있다.

어쩌면 삶의 의미란 삶의 흔적을 남기는 일인지도 모른다. 때로는 스스로 의식하지 못하고 남기는 작은 흔적이 누군가에게 커다란 위로와 영감이 될 수도 있다. 확실히 우리 삶은 혼자가 아닌 모두와 연결돼 있을 때 빛난다. 우리 존재가 누군가에게 힘이 되고 우리 여정이 누군가의 삶에 의미를 더한다면, 그것이야말로 우리가 인간으로서 누릴 수 있는 최고의 가치일 것이다.

이 책 《삶이 의미를 잃기 전에》는 그와 같은 삶의 흔적들을 돌아보고 앞으로 남길 흔적들을 고민하는 데서 시작됐다. 나 자신을 돌아보기 위한 것이기도 했다. 삶과 죽음의 의미와 가치를 탐구하는 과정에서 우리가 순간순간을 어떻게 살아가야 할지 함께 모색하고 싶었다. 여러분의 삶은 아름답다. 여러분의 죽음도 삶과 연결되기에 존엄하다. 삶의 의미를 찾고 품위 있는 죽음을 맞이할 수 있다. 질문을 멈추지 말고 계속해서 스스로에게 묻기를 바란다. 나는 누구이며 내 삶은 어떤 의미가 있는가? 지금 내 삶은 어디를 향하고 있는가? 내 삶이 남길 흔적은 무엇인가?

우리는 모두 각자의 여정을 걸어가고 있다. 여정 속에서 마주하는 저마다 다른 순간들과 선택들이 우리 삶의 의미를 채워줄 것이다. 그 의미가 우리만의 이야기, 우리만의 전설이 된다. 여러분의 전설이 이어질 존재들과 세상에 빛나는 흔적으로 남기를 소망한다. 삶의 끝에서 우리는 다시금 깨닫게 될 것이다. 모든 것이 사랑 덕분임을, 사랑이 사랑으로 이어져 결국 지금까지 살도록 했음을. 자기 자신을 사랑하고, 함께하는 이들과 모든 이들을 사랑하고, 자연과 세상을 사랑하고, 과거와 현재 그리고 미래를 사랑하자. 삶의 의미가 사라지지 않게, 삶이 의미를 잃기 전에.

삶이 의미를 잃기 전에
후회 없는 삶과 품위 있는 죽음을 위하여

초판 1쇄 인쇄 2025년 4월 3일
초판 1쇄 발행 2025년 4월 10일

지은이 윤영호
펴낸이 조민호

펴낸곳 안타레스 유한회사
출판등록 2020년 1월 3일 제390-251002020000005호
주소 경기도 광명시 양지로 21, 유플래닛 티타워 2315호
전화 070-8064-4675 팩스 02-6499-9629
이메일 antares@antaresbook.com
블로그 blog.naver.com/antaresbook 포스트 post.naver.com/antaresbook
페이스북 facebook.com/antaresbooks 인스타그램 instagram.com/antares_book
유튜브 youtube.com/@antaresbook

ⓒ 윤영호, 2025(저작권자와 맺은 특약에 따라 검인을 생략합니다.)
ISBN 979-11-91742-26-8 03100

삶이
의미를
잃기
전에